本书受河南财经政法大学数量经济学省级重点学科建设经费资助

华北平原粮户
土地规模决策行为研究

STUDY ON DECISION-MAKING BEHAVIOR OF
GRAIN FARMERS' LAND SCALE IN NORTH CHINA PLAIN

王小叶◎著

经济管理出版社
ECONOMY & MANAGEMENT PUBLISHING HOUSE

图书在版编目（CIP）数据

华北平原粮户土地规模决策行为研究／王小叶著. —北京：经济管理出版社，2019.8

ISBN 978-7-5096-6725-5

Ⅰ.①华… Ⅱ.①王… Ⅲ.①农业用地—规模化经营—研究—华北平原 Ⅳ.①F321.1

中国版本图书馆 CIP 数据核字（2019）第 137241 号

组稿编辑：赵亚荣
责任编辑：赵亚荣
责任印制：黄章平
责任校对：王纪慧

出版发行：经济管理出版社
（北京市海淀区北蜂窝 8 号中雅大厦 A 座 11 层　100038）
网　址：www.E-mp.com.cn
电　话：（010）51915602
印　刷：北京虎彩文化传播有限公司
经　销：新华书店
开　本：720mm×1000mm /16
印　张：12
字　数：203 千字
版　次：2019 年 8 月第 1 版　2019 年 8 月第 1 次印刷
书　号：ISBN 978-7-5096-6725-5
定　价：52.00 元

前　言

经济新常态时期，适度规模经营是坚守确保粮食生产能力不降低、农民增收势头不逆转、农村稳定不出问题“三条底线”的必经之路。在高度竞争和全球化的商业环境中，适度规模经营是提高农业竞争力，破解农业“高成本”“高价格”“高库存”难题的必然选择。本书立于社会现实，对华北平原粮食种植户的土地规模决策行为进行研究具有重要意义。

本书通过对河南省粮食生产地位的分析明确了以河南省粮食种植户作为华北平原粮户典型代表的可行性。根据调查样本数据特征，把华北平原粮户现有种植规模划分为：20 亩以下、20~40 亩、40~100 亩、100~400 亩和 400 亩以上五种基本规模类型，400~1000 亩、1000 亩以上两种比较规模类型，100~200 亩、200~300 亩和 300~400 亩三个细分规模区间。把华北平原粮食种植分为纯粮作经营和去粮化经营两种轮作方式。通过各规模区间粮户规模意愿与决策行为统计分析初步揭示粮户土地规模意愿和决策行为规律：华北平原粮户在土地规模意愿和决策行为上表现为规模扩张倾向明显的共同性，同时也表现为土地规模扩张意愿明显强于决策，且去粮化种植户相对纯粮作种植户在规模意愿和规模决策中均显示出较强扩张倾向的差异性。

在实证分析部分，首先，在产出和收益最大化视角下，以单产、技术效率和土地净收益为标准，分别推演华北平原纯粮作经营和去粮化经营两种轮作方式适度规模阈值。所得结论为：产出最大化和收益最大化目标下华北平原粮食“适度”经营规模最终趋同于 200~400 亩，且单产、技术效率和净收益基本表现为规模越大波动性越大的规律，即规模越大产出效率风险越大，特别是 400 亩以上大规模和 1000 亩以上的超大规模经营不仅损失产出效率，而且土地净收益减少为负值。

其次，把粮户土地规模意愿和决策作为独立的行为分别做实证研究。在对华北平原粮户土地意愿规模机理的实证分析中，利用逐步回归技术筛选农户意愿规模的驱动因素，实证证实粮户意愿规模与适度规模经营理论的契合性，从而透视出华北平原粮户利益诉求的内在规律及土地规模选择的根源性。所得结论为：华北平原粮户意愿规模偏离规模经营理论中追寻最大收益点的“拐点”理论，表现为现有种植面积越大意愿规模越大的规模扩张意愿；且规模扩张强度不受人力资本、资金缺口和农业保险等因素的羁绊，土地规模选择存在“求大”心理。全年作物亩均净收益对解释粮户意愿规模乏力的实证结论，反映了华北平原粮户受当地政府激励或同行、家人主观规范等因素影响，无视规模经济效益，忽视国际化因素影响，一味求大的规模扩张愿望；同时也揭示出当单位土地利益空间拓展面临国内成本高企和国际粮价下行的双重挑战时，粮户企图通过“广种薄收”以实现总收益最大化的心理转变过程。

单独对华北平原粮户土地规模决策机理的实证分析中，本书先利用多项 Ordered Logit 模型回归，然后利用回归后估计方法得出边际效应和预测概率探究华北平原粮户土地规模决策行为机理，所得结论为：逐利动机不是华北平原粮户规模决策的唯一目标，子女继承长期目标是粮户规模决策的另一重要内在驱动因素；粮户盈利目标是获得规模经济效益，而非寻求政府补贴；资金缺口制约粮户规模扩张决策行为，现有面积对大规模粮户继续扩大规模决策的负向牵制作用显著；小规模粮户扩大面积的预测概率较大，大规模粮户扩大面积的预测概率较小，而缩小面积等其他决策概率较大。因此，华北平原粮户土地规模决策行为并未偏离寻求规模收益的初始行为逻辑，也不存在风险（债务）偏好的盲目性，大规模粮户在现有面积等负向牵制作用下不追求“以大为美”的决策逻辑。

把粮户土地规模意愿作为规模决策行为的前期心理因素考察粮户规模决策行为机理的实证研究。所得结论为：对一定规模范围内的华北平原粮食种植户来说，意愿规模、作物净收益、子女继承长期目标对其土地规模扩张决策起正向促进作用，对其缩小规模、保持现有种植面积不变、放弃种植起负向抑制作用。而现有种植面积和纯粮作经营方式对粮户规模决策行为的作用刚好相反。这说明，在控制土地意愿规模条件下，华北平原相对小规模粮食种植户土地规模扩张决策兼顾现有种植面积的现状，在其规模意愿、子女继承长期目标的正向激励作用下寻求规模经济效益，同时由于种粮效益的差异，纯粮作经营户较去粮化经营户缺乏规模扩张的动力。意愿规模、作物净收益、子女继承长期目标、现有种植面积和是否纯粮作经营方式均对华北平原相对大规模粮食种植户的土地规模扩张决策失效。因此，控制意愿规模条件下的实证结论仅仅刻画了华北平原相对小规模粮食种植户的土地规模决策行为规律。

最后，根据国外农业补贴经验及中国农业补贴政策的不足，依据实证分析所得的“稳粮增收”目标下华北平原粮食适度规模趋同于200~400亩、粮户规模意愿“盲目”而决策“理性”、土地规模扩张意愿影响规模扩张决策行为和相对小规模粮户规模决策行为机理可测等研究结论，本书提出国际化背景下“黄箱”转“绿箱”趋向、补贴对象向粮食规模经营主体倾斜等农业补贴政策的改进意见，以及在“适度”规模指导下，建立规模经营检测、引导与退出机制，强化农民职业培训、提高粮户劳动技能、优化农业种植结构等多渠道增加华北平原粮户收入、提高粮户种粮积极性的政策建议。

目　录

1

绪　论

1.1 研究背景

经济新常态下，适度规模经营是坚守确保粮食生产能力不降低、农民增收势头不逆转、农村稳定不出问题“三条底线”的必经之路。在高度竞争和全球化的商业环境中，适度规模经营是提高农业竞争力，破解农业“高成本”“高价格”“高库存”难题的必然选择。近年来一系列“三农”政策文件也给予了适度规模经营前所未有的关注。在政策引导下，全国规模经营形式日趋普遍。农业部数据显示，截至2016年6月底，全国承包耕地流转面积达4.6亿亩，超过承包耕地总面积的1/3。全国经营耕地面积在50亩以上的规模经营农户超过350万户。但土地规模从几十、几百亩到数千、上万亩，差异悬殊（李国祥，2016）。而且，存在规模经营主体逐年扩大土地规模（黄延廷，2011；江激宇等，2016）和个别大户退地并存现象（郝凌峰，2017），规模经营面临过度规模化风险（蔡瑞林等，2015；彦文，2016）。这说明粮食规模经营在实践中存在忽视国际价格竞争压力、自身管理能力等因素而导致的盲目性。相应地，学界对于粮食适度规模经营的研究存在以下缺陷：第一，专注于理论上土地“适度”规模的推演。因土地供给的弹性，土地规模成为适度规模经营的主要内容和核心，但忽略粮户土地规模意愿、土地规模决策行为机理是否符合理论上的规模效益原则，以及导致农户偏离理论“适度”值的原因，从而导致理论上“适度”规模推演与粮户土地规模决策行为研究“两张皮”的思维定式。第二，存在“以偏概全”的思维定式。粮食种植户对土地规模的意愿和决策是相关但不同的活动进程，这一系列活动的影响因素及其影响程度并非协同一致。粮户的决策行为受到心理认知与意愿以及所处环境的影响，因此规模意愿仅反映粮户对耕种面积的心理期盼或态度，并未上升到决策的层面；土地规模决策行为既有规模意愿的缩影，也会随政策调整、国际市场价格变动、自然灾害等环境的变化而发生变动。也就是说，并不能把粮户土地规模意愿单阶段的研究结论应用到粮户土地规模决策行为中。因此，粮户土地规模决策行为研究应区别于土地规模意愿研究。第三，粮户收入和粮食安全宏微观目标相分离的视角。收入最大化视角下往往得出需扩大土地规模的结论，粮食安全视角下往往总结出小规模精耕细作的论断，从而使学界存在最优土地规模依照标准尚无定论的问题。实质上，在客观现实条件下依照哪一种标准都会导致政策落脚点的偏颇。作为前瞻性研究，本书选择农业大省河南省作为华北平原的典型代表，把适度规模经营置于国内外现实背景下，深刻把握适度规模经营的目的和内涵，从宏微观目标兼容角度，厘定粮食规模经营的规模边界和集约边界，阐释农业补贴政策、农业保险等外生因素对粮户土地规模意愿和土地规模决策行为的影响，探究华北平原粮户土地规模决策行为机理，构建粮食规模经营的政府扶持机制。

1.2　研究目的

基于上述研究背景，本书的研究目的为，在厘定粮食适度规模阈值基础上，从经验上判断华北平原粮食种植户土地规模意愿和土地规模决策行为是否符合“适度”规模的选择原理，并透视华北平原粮户的土地规模决策行为机理，从而找出从规模经营主体出发，基于理论上最优适度规模阈值范围，合理引导华北平原粮食适度规模经营的政策介入点和恰当的政策干预措施。具体目标为：第一，厘定华北平原粮食适度规模经营范围；第二，深入探析华北平原粮户土地规模决策行为机理；第三，构建国际化背景下华北平原粮食适度规模经营的政策扶持框架。

1.3　研究意义

本书的理论意义为：

(1) 本书已得到宏观产出最大化、粮户收益最大化双重目标下，华北平原粮食“适度”经营规模最终趋同的研究结论，向“粮户以货币收益最大化内在激励的规模扩张行为难以拟合政府产出最大化”的现有观点提出质疑。

(2) 本书已得到“希望子女继承事业”对华北平原粮户“土地规模扩

张意愿”起到重要作用，对“土地规模扩张决策行为”的作用超过货币收益的研究结论，对学界仅以“货币收益最大化”为粮户土地规模扩张唯一目标的假定条件做出重要的补充。

（3）本书已得到华北平原粮户土地规模“意愿盲目”但相对小规模粮户土地规模“决策理性”的初步结论，对学界对粮户土地规模决策行为“盲目”性的片面认识提出质疑。

（4）本书对粮户土地规模意愿和决策行为采取独立和连续两种视角的处理方法，得出华北平原粮户土地规模决策行为机理的稳健结论，为学界进行同类研究提供参考依据。

本书的实践意义为：

（1）研究规模、配置、功能意义上的华北平原粮食规模种植主体的农地利用及纯粮作和去粮化农户土地规模决策行为，为防止盲目扩大耕地、保护区域耕地资源的政策制度设计提供依据。

（2）厘定华北平原粮食适度经营的多维度合理边界及绩效，推演粮户土地规模意愿和决策行为的根源，为政府引导规模经营主体集约化、专业化、规模化经营提供可操作的目标参照系。

（3）立足国际化市场，以“绿箱”化、市场化为导向，构建兼顾宏微观目标的规模经营的政策扶持机制，为粮食政策措施的配套完善提供决策参考。

1.4 研究思路和框架

本书的研究思路为：

本书首先在样本数据统计分析的基础上划分土地规模范围，初步透视华北平原粮户的土地规模意愿和决策行为规律。在此基础上，推演华北平原土地适度规模边界。其次分别分析华北平原粮食种植户土地规模意愿机理和土地规模决策行为机理；把粮户土地规模意愿纳入土地规模决策行为模型中进一步分析粮户土地规模决策行为机理。最后结合国外经验和实证研究结论，提出粮食适度规模经营政策扶持建议。

本书的研究框架如图 1-1 所示。

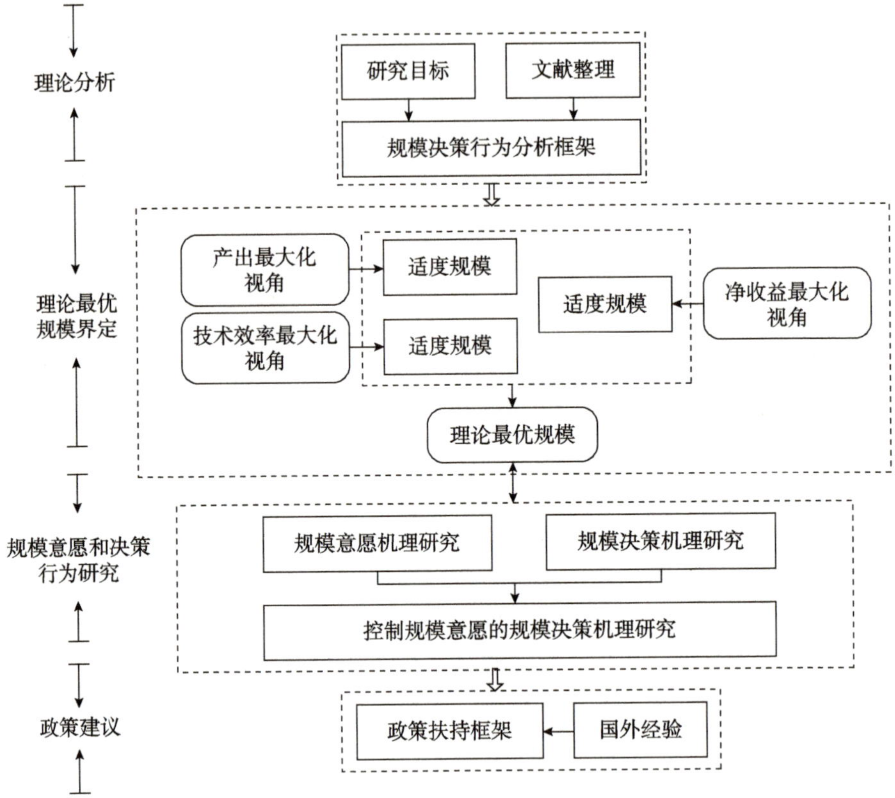

图 1–1　总体框架

1.5　研究内容与方法

1.5.1　研究内容

根据本书选题的背景、目的及意义，综合考虑国内外学术界已有的研究成果，本书对华北平原粮食种植户土地规模决策行为的研究共分九章内容：

第1章是绪论。首先介绍本书选题的背景、目的和意义；其次是本书的研究思路、框架和内容；最后简单介绍本书所使用的方法及主要的创新之处。

第2章是文献综述。本书的研究目的是探索华北平原粮食种植户的土地规模决策行为规律，因此对国内外的相关文献，根据研究内容的不同分为适度规模经营研究、粮户土地规模意愿和土地规模决策行为研究，并根据不同方面研究文献的特点，从研究结论、研究内容等方面对每个方面的研究进行详细的阐述和总结。

第3章是华北平原粮户土地规模意愿与决策行为总貌呈现。通过对河南省粮食生产地位的分析明确了以河南省粮食种植户作为华北平原粮户典型代表的可行性。根据调查样本数据特征，把华北平原粮户现有种植规模划分为：20亩以下、20~40亩、40~100亩、100~400亩和400亩以上五种基本规模类型，400~1000亩、1000亩以上两种比较规模类型，100~200亩、200~300亩和300~400亩三个细分规模区间。并把华北平原粮食种植分为纯粮作经营和去粮化经营两种轮作方式。通过各规模区间粮户规模意愿与决策行为统计分析初步揭示粮户土地规模意愿和决策行为规律：华北平原粮户在土地规模意愿和决策行为上表现为规模扩张倾向明显的共同性，同时也表现为土地规模扩张意愿明显强于决策，且去粮化种植户相对纯粮作种植户在规模意愿和规模决策中均显示较强扩张倾向的差异性。

第4章是华北平原粮食适度规模的厘定。本章着眼于粮食安全、农户收入两视角，依据单位土地产量（简称土地单产）、技术效率、单位土地净收益（单季小麦和全年农作物）三标准，分别在“冬季小麦+夏季纯粮作经营”“冬季小麦+夏季去粮化经营”两种轮作模式下，分别推演粮食安全与农户收益最大化目标下适度规模的演绎路径。

第5章是华北平原粮户意愿规模机理研究。本章以问卷调查中“现有条件下，你们认为种多少耕地比较合适？”作为华北平原粮户以家庭收益最大化为目标的最心仪土地规模，即意愿规模。用逐步回归技术筛选农户意愿规模的驱动因素，推演粮户意愿规模与适度规模经营理论的契合性，透视粮户利益诉求的内在规律及土地规模选择的根源性。

第6章是华北平原粮户土地规模决策行为机理研究。本章将华北平原粮户今后几年的土地经营规模决策设置为“扩大面积”“减少面积”“保持不变”和“不种”四个选项，从社会经济学角度，运用多项 Ordered Logit 模型实现参数估计，利用回归后估计方法得出边际贡献和预测概率，进而探究华北平原粮户土地规模决策行为机理。

第 7 章是华北平原粮户土地规模决策行为机理的进一步研究。本章首先比较前两章土地规模意愿机理和土地规模决策行为机理实证研究结论，得出华北平原粮户土地规模意愿和土地规模决策行为机理存在异质性：子女继承长期目标对粮户土地规模意愿和决策行为都存在正向激励作用；纯粮作经营户较去粮化经营户在扩大土地规模意愿和决策行为上表现出较弱的积极性；规模经营负责人年龄越大，扩大土地规模的意愿和决策越弱小；粮食规模经营主体采用的生产技术种类数对土地规模扩张意愿和决策行为均表现为负向作用等。当然，华北平原粮户土地规模意愿和决策行为机理存在的差异性更引人注目：亩均净收益和资金缺口在粮户土地规模决策行为中分别是正向激励和负向抑制作用，而在土地规模意愿中均未显示出其显著性，现有种植面积和政府补贴对粮户规模意愿均表现出正向促进作用，但在其规模决策行为中未表现出显著性，这些都反映出华北平原粮食规模种植户在土地规模意愿上不顾资金缺口的羁绊、现有种植面积现状和作物净收益的约束，追求政府补贴，而在土地规模决策行为上又顾忌资金缺口风险、兼顾现有土地规模、依照规模经营效益的理想决策行为。即华北平原粮食种植户表现为土地规模“意愿盲目”和“决策理性”的悖论现象。考虑到分别考察土地规模意愿和决策行为时，出现“意愿盲目”和“决策理性”的悖论，本章把土地意愿规模加入土地规模决策模型中，进一步考量了在控制意愿规模条件下华北平原粮食种植户的土地规模决策行为。

第 8 章是华北平原粮食规模经营政策扶持机制研究。首先对国内外农业补贴政策及其效果进行总结，然后针对国内政策经验中的不足之处，借鉴国外经验，并结合本书实证研究结论及国际贸易规则限制，提出国际化背景下“黄箱”转“绿箱”趋向、补贴对象向粮食规模经营主体倾斜等农业补贴政策的改进意见，以及在“适度”规模指导下，建立规模经营检测、引导与退出机制，和强化农民职业培训、提高粮户劳动技能、优化农业种植结构等多渠道增加华北平原粮户收入、提高粮户种粮积极性的政策建议。

第 9 章是结论与展望。首先总结了本书的主要研究内容和主要研究结论，然后针对本书研究的不足，指出今后可以进一步研究之处。

1.5.2 研究方法

本书主要研究方法如下：

(1) 在土地适度规模厘定中，产出和净收益可直接从样本中得到，技术效率通过随机前沿生产函数（Stochastic Frontier Approach，SFA）模型估计得到。通过对产出、技术效率和净收益分别与土地规模做拟合分析方法，得到三标准下华北平原粮户规模经营的适度边界。

(2) 在粮户意愿土地规模研究中，采用多元线性回归方法，探究华北平原粮食种植户意愿规模行为规律。

(3) 在粮户土地规模决策行为单独研究中，首先采用多项 Ordered Logit 模型回归，然后利用回归后估计（Post-estimation）方法得出边际效应和预测概率，探究农户土地规模决策行为规律。

(4) 在将意愿规模纳入规模决策行为模型的实证分析中，用 Heckman 两部法做了稳健性检验。

1.6 本书创新之处

本书在研究内容、研究思路和研究结论上均有一定的创新之处，细述如下：

(1) 在研究内容上，对国际化背景下河南粮食适度规模选择路径的研究丰富了现有适度规模研究的案例。粮食适度规模及农户土地规模行为与地域特点、种养物种等因素密切相关，但已有文献很少有对河南案例的实证研究，特别是对河南粮食规模种植户的系统研究。本书拓展了适度规模研究的经验应用。

(2) 在研究思路上，首先厘定粮食适度规模阈值，然后判断农户土地规模意愿和土地规模决策行为是否符合理论上的“适度”规模经营规律，进而总结适度规模经营的政策启示。这种先确定“适度”范围，后从经验上验证总结农户土地规模行为规律的思想是本书与现有研究的主要不同之处。

（3）在研究结论上，本书已得到在宏观产出最大化、农户收益最大化双重目标下，华北平原小麦种植“适度”经营规模最终趋同的研究结论，向农户以货币收益最大化内在激励的规模扩张行为难以拟合政府产出最大化的现有观点提出质疑；本书已得到农户土地规模“意愿盲目”与“决策理性”的初步结论，纠正学界把土地规模意愿与土地规模决策行为混为一谈的现象，并刷新学界对农户土地规模行为“盲目性”的片面认识；本书已得到“子女继承事业”对“土地规模扩张意愿”起到重要作用，对“土地规模扩张决策”的作用超过货币收益的研究结论，对学界仅以“货币收益最大化”为农户土地规模扩张唯一目标的假定条件做出重要的补充。

2

文献综述

出于研究目的的需要，本书对相关文献按照“适度”经营规模的量化、农户土地规模选择行为和规模经营扶持政策等方面进行归类。

2.1 关于适度规模经营的研究

国际上的相关研究很少直接涉及适度经营规模（石晓平等，2013），主要关注农业经营规模与农业生产效率的关系（李谷成等，2009）。然而，对两者之间呈负向关系（Sen，1962；Heltberg，1998）还是正向关系（Carter，1984；Fan et al.，2005）以及如何进行解释的争议一直不断，且从未达成共识。

国内关于农业适度规模经营问题的研究有一个不断发展的过程：第一步，1987年中共中央在5号文件《把农村改革引向深入》中第一次明确提出要实行适度规模经营，说明中央认可适度规模经营的可行性。而学术界仍存在规模经营质疑论（刘凤芹，2006）和适度规模经营论（张光辉，1996），以及规模经营依政策目标中立论（齐城，2008）等不同争议。第二步，针对农业规模经营的分歧，学者们认为农户获得规模经济效益和政府促进农民增收与农户自发扩大规模的目的出现了交集（许庆等，2011）。至此，适度规模经营成为政策界和学术界的共同看法（柯福艳等，2015），但对适度规模经营的内涵还没形成一致意见。第三步，规模经营的合理边界是目前学者们研究的焦点。囿于土地资源与现代农业生产力相适应的适度规模难以企及，目前适度规模的研究核心是土地规模（许庆等，2014）。而规模指标的范围和标准可谓见仁见智。从视角上主要分为：农户的利润（收入）最大化（陈秧分等，2015）或成本最小化，以及政府的产出最大化（蒋和平等，2014）。但分别从两视角出发往往推演出相反的结论。总之，现有适度规模的界定局限于单一土地规模的扩张，且呈现出宏微两视角孤立形式。未曾发现以国际竞争力为视角的研究。而在影响产出效率或农户收入的研究中，大多选择农户个体特征、家庭结构以及市场（钱贵霞等，2004，2005；屈小博，2009）等外生因素，鲜有从国内外粮食价格、贸易政策等国际化视角对规模经营影响的研究。第四步，对适度规模经营的进一步认识：第一，适度规模的内涵从仅为土地规模扩大、机械化内容的外延式，转变为生产要素的聚集程度和组合关系的内涵式（黄延廷，2011）。第二，不管是土地规模经营仅是农业规模经营的一个组成部分（田伟等，2016）的原因，还是适度规模经营要实现最佳的经济效益、生态效益和社会效益等最终目的（何秀荣，2016），抑或是土地规模经营政策本身要兼顾农户收入、规模效率、社会公平等诸多因素，适度规模经营都应建立在多维价值坐标之上（陈锡文，2013）。然而，遗憾的是关于两种观点的现有研究止于分散的解释性说明，基于国际化背景，多视角下如何多维度厘定适度规模、农户意愿最优规模和规模决策行为的机理等问题的系统研究缺失。这为本书研究的开展提供了相当的空间。

2.2 关于农户土地规模意愿和决策行为的研究

国内对农户土地规模意愿的研究相对决策行为较多。例如，张忠明等（2008）利用2005年长江中下游区域种粮户的调查数据发现，超过60%的农民没有土地规模经营意愿，农业比较收益低下是这一现象的最根本动因；江激宇等（2016）基于2015年安徽省种粮大户的调研数据，发现种粮大户规模扩张意愿存在一定的盲目性。这种盲目性归因于农户强烈的逐利动机、较强的风险偏好，同行、家人的主观规范，以及一味求快贪大的行业政策激励导向；程秋萍（2017）发现，部分农业企业有持续扩大土地规模的意愿，有些农企甚至有只要能拿到地就继续拿的强烈扩张心理；尚旭东和朱守银（2015）认为，在土地产出率下降的情况下，为实现总收益最大化，经营主体的经营目标向更为依赖规模扩张和寻求政府补贴转移。

国外偏重于对农户规模决策行为的研究，且多数文献基于利益最大化的纯粹个人行为模型（Bingswanger，1980；Collins，1985）。大量研究证明，提高收益是诸多扩大规模动机中的首要诱因（Hadley et al.，2002）。实际上，农户关于农业经营活动的决策是一个复杂的过程，除经济利益外，还受社会、经济和心理因素（Gasson，1973，1974；Casebow，1981；Gilmore，1986；Coughenour and Swanson，1988；Gasson and Potter，1988；Herrmann and Uttitz，1990；Carr and Tait，1991；Fairweather and Keating，1994）等的影响。也有学者认为，农业是一种可以自我估价的职业（Ackerman et al.，1989；Herrman and Uttitz，1990），农民的决定并不总是或必然地针对利润这一唯一目标（Anosike and Coughenour，1990；Herath，et al.，1982；Turvey，1991；Wise and Brannen，1983）。

农户规模决策行为研究中多数学者认同以下两点：一是风险态度是农业决策中的重要因素。风险厌恶，包括对债务的憎恶，可能会限制创新和采用新技术（Driver and Onwana，1986；Pile，1991）。许多经济分析表明，农民是风险规避型的且对未经事实证明的想法接受缓慢（Guerin and Guerin，1994）。二是农户负责人的年龄（Rrgers Everett，1995）、受教育程度（Breusted，2008）及农户家庭规模（Weiss，1999）等农户个人特征和家庭特征影响农户农业经营决策行为。

2.3 关于适度规模经营扶持政策的研究

国际上普遍认为，投入类补贴政策能在农产品贸易、价格、福利、改善农业弱势地位和无组织现状等方面产生有利影响，但也会产生农业贸易扭曲（Gohin and Bureau，2006）和不公平问题（Schmid et al.，2006）；而直接补贴政策通过财富效应（Koundouri et al.，2009）、风险效应（Sckokai and Moro，2006）、改善信贷条件（Mary，2013）等途径促进产出，使农户增加农业投资（Kazukauskas et al.，2013）和劳动力投入（El-Osta et al.，2004），扩大经营规模（Bhaskar and Beghin，2010）。相对应地，国内研究主要集中于普惠制补贴政策不足（张照新等，2003）、国外经验借鉴（李登旺等，2015）等方面。其中，补贴政策的增收（陈池波等，2012）、增产（霍增辉等，2015）、提高粮食生产积极性（方松海等，2009）等效果方面，不少学者持怀疑态度（程国强，2011）。为此，在农地规模化趋势日渐突出的现实情况下，如何应对国际粮食市场的激烈竞争，改变农业补贴方式，既要保障粮食安全、增加农户收入，又要提高粮食的国际竞争力，防止忽视资金、管理能力盲目追求土地规模化风险，成为构建对规模经营主体政策扶持机制的方向与目标。

2.4 研究现状的简要评述

梳理现有研究成果发现，在土地适度规模厘定研究方面，通过预设价值判断对适度规模经营进行土地规模的单维度静态分析者居多，而基于现实变迁的动态考察，将适度规模经营置于国内外现实背景下作为全要素构成总体的系统性研究较为缺乏。事实上，偏重于农户理性视角进行微观层面的静态比较研究，或从粮食安全宏观政策目标的土地资源约束性出发进行单维演绎，都不同程度地存在仅强调土地规模的外延式扩大，忽视生产要素优化组合的内涵性发展，偏离中国适度规模经营应该朝着土地节约型的劳动密集和资本密集的发展方向（林毅夫，1995；罗必良，2000），也无视国内农产品在开放经济中的弱质性及国际因素对国内粮食市场形成的紧迫形势等问题。在全球经济环境下构建兼顾宏微观目标的粮食规模经营政策扶持机制，迫切需要深度把握国际化因素、现有农业补贴政策等对粮食规模经营的影响，厘清土地、劳动、资本、管理能力等生产要素在规模经营中的调整组合。

在研究结论上，基本上得出农户规模扩张意愿存在一定盲目性的结论。在学术思想上，主要存在把“货币收益最大化”假定为农户土地规模行为的主要且唯一目标，把从意愿或决策单一环节得出的土地规模选择行为结论推及为整个土地规模选择行为规律等偏误和狭隘之处。实际上，农户对土地规模的意愿、决策行为是一系列相关但不同的活动进程，这一系列活动的影响因素及其影响程度并非协同一致。农户的决策行为受到心理认知与意愿以及所处环境的影响（罗必良等，2012），因此规模意愿仅反映农户对耕种面积的心理期盼或态度，并未上升到决策的层面。国内现有土地规模行为领域内的研究重点关注意愿，而对决策行为研究较少涉及。

因此，本书以粮食生产大省河南省小麦种植户作为华北平原粮户的典型代表，研究各规模区间内粮户的理想规模到底如何，与理论上的适度规模选择路径是否吻合，其意愿规模选择的内在驱动因素是什么，只是逐利动机，还是有其他更为强烈的激励因素，进而探究粮户土地规模决策行为的驱动因素是寻求规模经济效益，还是有其他重要因素的诱使，从而甄别粮户土地规模决策行为是否偏离寻求规模收益的初始行为逻辑、是否存在风险偏好的盲目性，以期真正了解粮农、有序推动华北平原粮食适度规模经营，为构建粮食规模经营主体扶持政策提供参考。

3

华北平原粮户土地规模意愿与决策行为总貌呈现

华北平原涵盖河南、河北、安徽、山东、江苏、北京、天津七个省份。作为第一农业大省、第一粮食生产大省，河南省地处中原，有着适合农业生产的各方面条件，是国家粮食生产的重要基地，也是国家商品粮的主要来源地。河南粮食产量占全国的近 1/10（2016 年粮食产量为 1189.32 亿斤），其中小麦产量占全国的 1/4，不仅养活了 1 亿多人口，每年还调出原粮和粮食制成品 400 多亿斤。因此，河南省耕地面积、粮食种植面积和粮食产量等均在华北平原乃至全国占有非常重要的位置。

3.1 河南省粮食生产地位分析

本部分从中国经济信息网（以下简称中经网）上选取 2000~2018 年中国和河南省的粮食生产年度数据，从耕地面积、粮食种植面积、粮食产量、粮食产值四个方面对河南省粮食生产与中国、华北平原相应粮食生产情况进行对比，以此明确河南省粮食生产在中国和华北平原粮食生产中的地位，同时说明河南省粮食规模经营可作为华北平原典型代表的可行性。

3.1.1 河南省耕地面积地位分析

2001~2017 年河南省耕地面积一直保持在 800 万公顷左右，2017 年为 811.2 万公顷。2009~2017 年河南省耕地面积占全国耕地面积比重基本稳定在 6%。而河南耕地面积在华北平原地区一直处于占比最大地位（见图 3-1）。图 3-1 显示，2001~2017 年，华北平原七省份中河南省耕地面积占比处于稳中上升趋势。2006 年之前，河南省耕地面积占整个华北平原耕地面积的约 23.48%，2007 年之后，河南省耕地面积占比超过 24%。山东省耕地面积在华北平原中占比次之，再次是河北和安徽，占比最小的是北京和天津两直辖市。

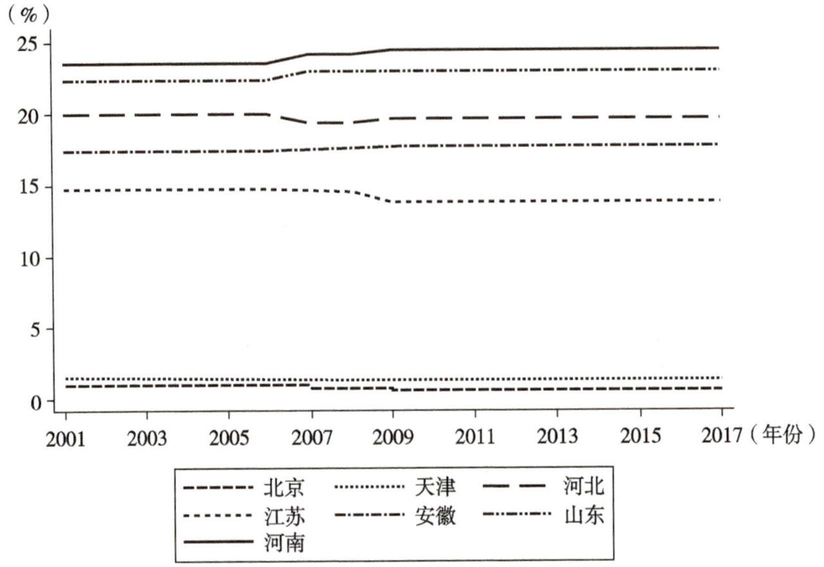

图 3-1　华北平原各地耕地面积占比

3.1.2　河南省粮食种植面积地位分析

3.1.2.1　河南省粮食种植面积在全国的地位分析

一直以来，河南省粮食种植面积都稳居全国前列，占全国粮食种植面积的比例稳定在 8%~9%，且波动幅度不大。2000~2007 年，河南省一直保持着粮食种植面积第一的位置，2007 年以后，略低于黑龙江省，粮食种植面积排全国第二。

2000~2017 年，河南省粮食播种面积一直保持稳步变化趋势，河南省粮食总播种面积并未出现大的波动。2001 年粮食播种面积最少，约为 882.3 万公顷，2017 年粮食播种面积最大，约为 1091.5 万公顷，最大波动幅度约为 20.2 万公顷，年均粮食播种面积约 969.4 万公顷。河南省粮食总播种面积的年均增长率约为 1%，略高于全国年均增长率。

在粮食种植面积稳步变化的同时，河南省小麦种植面积也在稳步变化，在全国粮食播种面积中的占比始终保持在 20%，居全国首位。2018 年河南省小麦种植面积最大，约为574万公顷；谷物种植面积在全国也始终排在首位，在全国的占比保持在9%~10%，波动幅度较小；豆类种植面积呈下降趋势。2000年，豆类种植面积约为68.3万公顷，在全国排名第四。2017年，豆类种植面积下降至39万公顷，下降幅度高达42.9%，而黑龙江、内蒙古、安徽豆类种植面积较为稳定，且稳居全国前三位。相比较而言，河北、黑龙江、吉林、山东、河南这几个省份的玉米种植面积相差不大，但排名变化较大。

图3-2显示了2000年和2017年13个粮食主产区的玉米种植面积。①

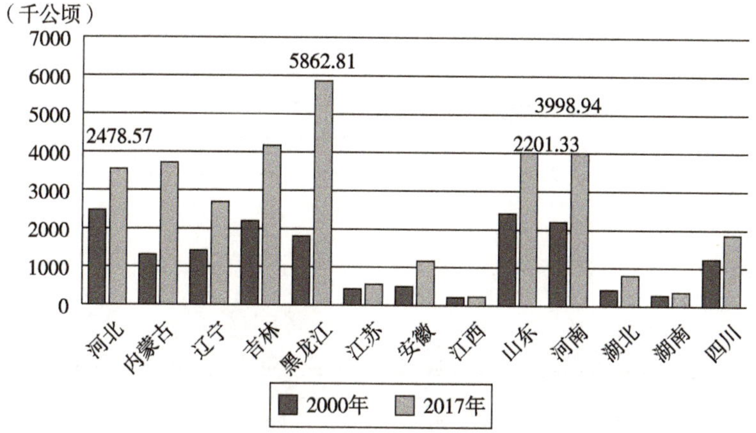

图3-2 2000年和2017年粮食主产区玉米种植面积

如图3-2所示，2000年，河北省玉米种植面积居首位，约为2479千公顷，然后是山东省，而河南省玉米种植面积排第三，约2201千公顷，和吉林省不相上下；而在2017年，黑龙江省玉米种植面积明显大于其他省份，约为5863千公顷，位居全国第一，该年，河南省玉米种植面积约为3999千公顷，在全国排名第三，与山东省玉米种植面积相差不大。

3.1.2.2 河南省粮食种植面积在华北平原的地位分析

华北平原七省份粮食种植面积占比如图3-3所示。图中数据显示，

① 13个粮食主产区为河北、河南、内蒙古、山东、辽宁、湖北、湖南、吉林、黑龙江、江苏、江西、四川、安徽。

2000~2018 年，河南省粮食种植面积在华北平原七省份粮食种植面积中的占比一直最大，超过 1/4，且呈小幅上涨趋势。2000 年，河南省粮食种植面积为 910.2 万公顷，约占华北平原粮食种植面积的 25.47%。2018 年，河南省粮食种植面积为 1090.6 万公顷，约占华北平原粮食种植面积的 27.93%。山东省粮食播种面积在华北平原粮食播种面积中的占比为 20%左右。再次是安徽和河北，两省粮食种植面积较为接近。

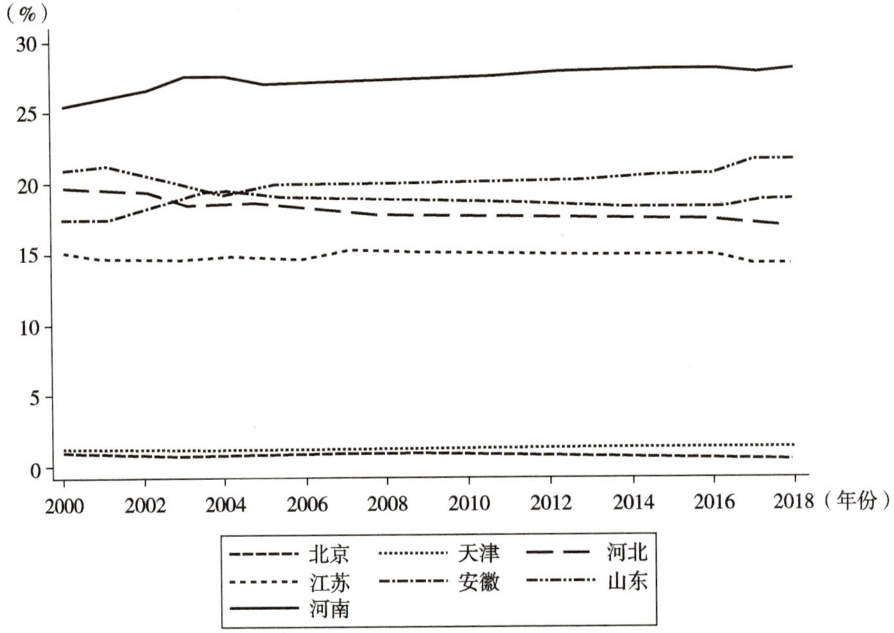

图 3-3 华北平原各地粮食种植面积占比

华北平原七省份小麦种植面积占比如图 3-4 所示。从图 3-4 中可以看出，2000~2017 年河南省小麦种植面积在华北平原小麦种植面积中的占比一直位居第一，占比在 1/3 左右。2000 年河南省小麦种植面积为 492.2 万公顷，2017 年为 571.5 万公顷。位居第二的是山东省，其小麦播种面积在华北平原小麦播种面积的占比约为 23%，与河南相差约 10 个百分点。

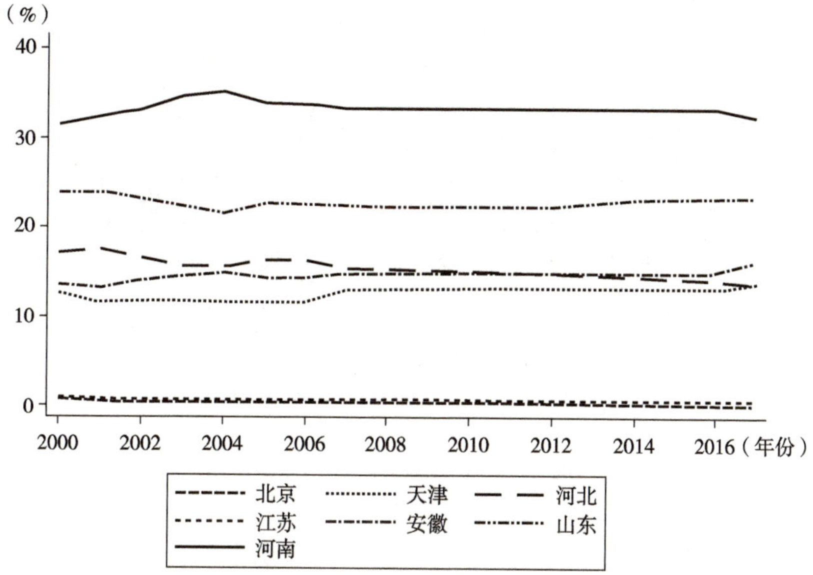

图 3-4 华北平原各地小麦种植面积占比

3.1.3 河南省粮食产量地位分析

3.1.3.1 河南省粮食产量在全国的地位分析

21 世纪以来，河南省粮食产量稳居全国前两名。尤其在 2000~2010 年，河南省粮食产量始终位居全国首位，山东省、黑龙江省粮食产量紧随其后、不相上下，而 2011 年至今，河南省粮食产量略低于黑龙江省，略高于山东省，位居全国第二。2018 年，河南省粮食产量达到 6649 万吨，较 2000 年的 4120 万吨增长约 2529 万吨。图 3-5 显示了 2018 年 13 个粮食主产区粮食产量及其占全国粮食产量的比例。

如图 3-5 所示，2018 年，河南省粮食产量位居全国第二，约占全国粮食总产量的 10%，略低于黑龙江省该年的粮食产量。

河南省作为农业大省，粮食作物品种众多，其中小麦在河南省粮食生产中处于主要地位，2000 年至今，河南省小麦产量一直位居全国首位，且在 2017 年小麦产量最大，达到 3705 万吨，约占全国小麦总产量

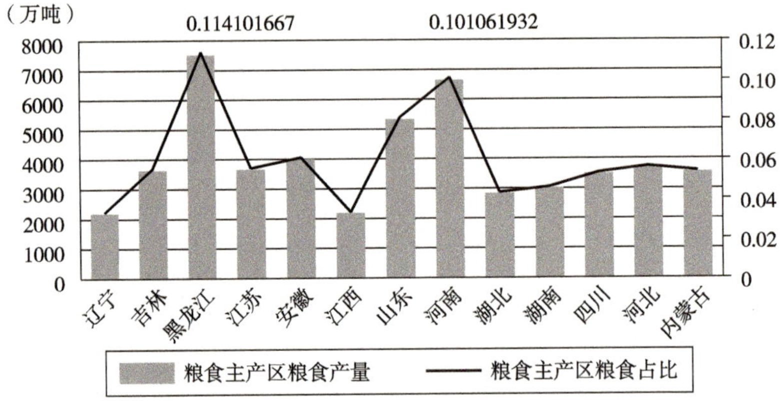

图 3-5 粮食主产区粮食产量及其占比

的 27.58%。近年来，河南省玉米作物的地位越来越重要，玉米产量在 2018 年达到 2351 万吨，该年河南省玉米产量约占全国玉米总产量的 9%，排在全国第四位。而在 2007 年，河南省玉米产量占比最大，约为 10%，排在全国第三位。豆类作物的产量在全国占比较小，近年来占比明显下降，尤其在 2017 年，占比约为 3%，远低于内蒙古豆类作物的产量。

3.1.3.2 河南省粮食产量在华北平原的地位分析

图 3-6 显示，河南省粮食产量在华北平原粮食总产量中的占比在 2000 年之前小于山东省，2000 年之后一直超过山东，居华北平原首位。2000 年之后，河南、山东两省粮食产量在华北平原粮食总产量中的占比差距相对稳定。1995 年以来，河北和安徽两省粮食产量此起彼伏，差距较小。北京和天津两直辖市的粮食产量最少。

图 3-7 显示，河南省小麦产量在华北平原小麦总产量中的占比最大，基本在 35%左右，超过 1/3。2003 年和 2004 年河南省小麦产量占华北平原小麦比重最大，分别为 37.08%和 37.28%，此后比重稍有回落，2017 年河南省小麦产量占华北平原小麦产量的 34.59%。位居第二的是山东省。山东小麦产量占华北平原小麦产量的比重基本不超过 24%。位居第三的是河北省，其小麦产量不超过华北平原小麦产量的 15%。

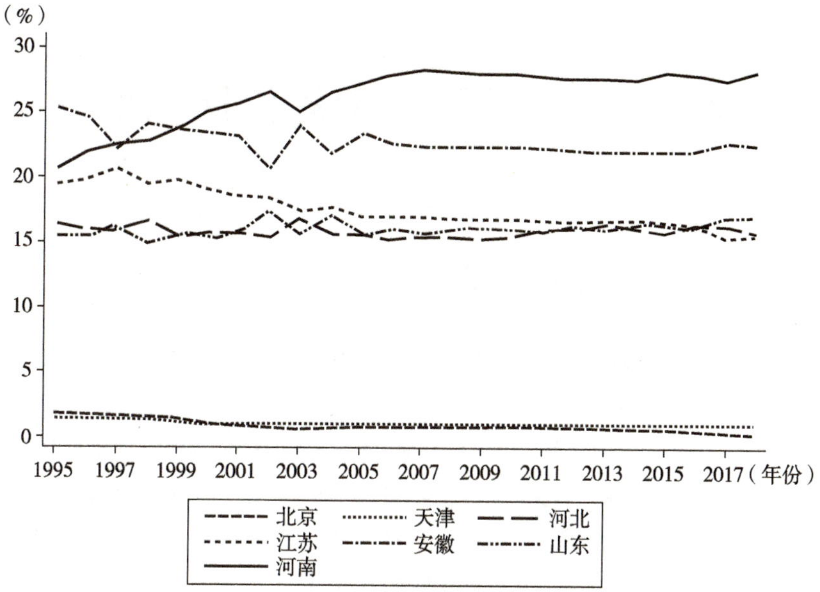

图 3-6　华北平原各地粮食产量占比

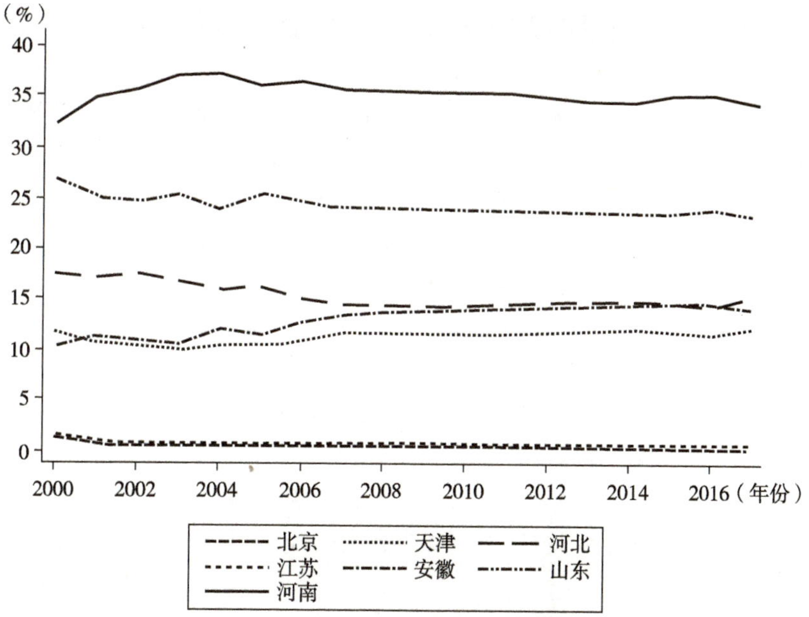

图 3-7　华北平原各地小麦产量占比

3.2 数据来源及土地规模区间划分

3.2.1 数据来源介绍

本书所用的数据来自城乡协调发展河南省协同创新中心和国家社科基金“农地边际化下种粮大户粮作经营行为及政策扶持机制研究”（项目编号13BYJ101）课题组合作于2015年对黄淮海地区种粮户实地调研中河南省小麦种植户的数据。此数据涉及河南省29个县134个村598个观测样本；内容包括规模经营主体特征、经营特征、成本收益、技术创新和应用情况、资金需求和金融支持、看法打算、政策诉求建议等，据此研究河南省小麦适度经营规模边界具有较好的代表性。

3.2.2 土地规模划分及统计描述分析

为了避免样本非均衡分布带来统计上的偏误，根据样本农户小麦种植规模的概率密度分布情况（见图3-8），把小麦经营规模分为20亩以下（不含20亩；下文中诸类描述同此含义）、20~40亩（含20亩；下文中诸类描述同此含义）、40~100亩、100~400亩和400亩以上（含400亩；下文中诸类描述同此含义）五种基本规模类型。

为详尽比较和反映不同规模区间粮户的土地规模决策行为规律，本书列出400~1000亩、1000亩以上两种比较规模类型。为增加适度规模的现实适用性，本书按照等间距方法，把100~400亩进一步细分为100~200亩、200~300亩和300~400亩三个规模区间。为行文方便，我们把20亩以下定义为家庭户经营，把20亩以上定义为规模经营，把400亩以上定义为大规模经营，把1000亩以上定义为超大规模经营。不同规模区间的总体描述如表3-1所示。

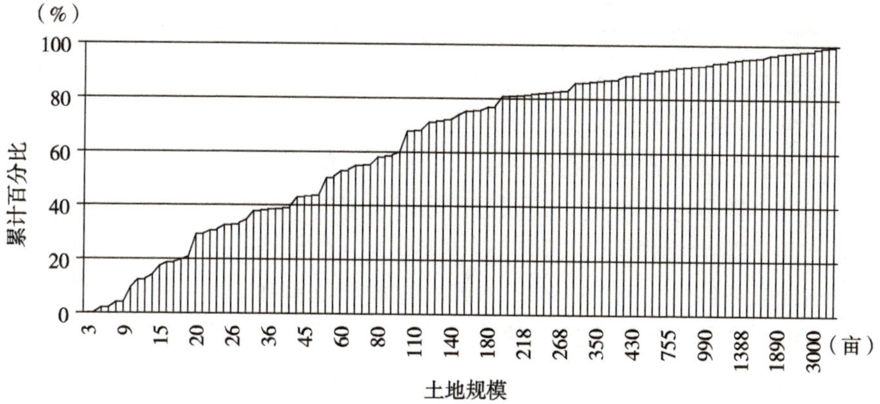

图 3-8　小麦经营规模累计分布图

表 3-1　不同小麦经营规模区间的统计描述

经营规模（亩）	最小值	最大值	均值	标准差	频数	频率（%）	20 亩以上占比（%）
总体样本	3	5000	258. 71	632. 18	598	100	
20 以下	3	19	11. 904	3. 868	125	20. 9	
20～40	20	39	24. 721	5. 552	111	18. 56	23. 47
40～100	40	90	58. 9	15. 823	123	20. 57	26
100～400	100	390	171. 919	74. 693	161	26. 93	34. 04
400 以上	400	5000	1481. 42	1146. 63	78	13. 04	16. 49
100～200	100	190	123. 95	28. 22	102	17. 06	21. 56
200～300	200	270	214. 74	23. 34	35	5. 85	7. 4
300～400	300	390	313. 33	25. 44	24	4. 01	5. 07
400～1000	400	990	628. 1429	203. 842	35	5. 85	7. 4
1000 以上	1000	5000	2175. 95	1129. 675	43	7. 19	9. 09

从不同规模的累计分布图和规模区间的总体统计描述可以看出：第一，华北平原小麦经营规模差别较大，样本农户小麦经营最小为 3 亩、最大为 5000 亩，差距较大。体现了华北平原人均耕地少和平原地区易规模化的特点。第二，华北平原小麦规模经营集中在 20～400 亩，以 100～400 亩

规模经营主体最多，1000 亩以上超大规模经营属少数现象。20~40 亩样本农户占整个样本的 18.56%、占规模经营户的 23.5%；40~100 亩样本农户占整个样本的 20.6%、占规模经营户的 26%；100~400 亩农户占整个样本的 26.9%、占规模经营户的 1/3 以上，比例最大；400 亩以上样本农户占整个样本的 13%、占规模经营户的 16.5%。其中，400~1000 亩大规模经营户占整个样本的 5.9%、占规模经营的 7.4%，规模经营户中数量最少；1000 亩以上超大规模经营户两者占比都不足 1/10。第三，100~400 亩规模经营户分布不均衡，有 63.3%的农户小麦种植规模在 100~200 亩。

为细致区分不同轮作方式种植户的土地规模决策行为规律，本书按照夏季种植作物①的类别把小麦种植分为“小麦+纯粮食作物”（简称纯粮作经营）、“小麦+非纯粮食作物”（简称去粮化经营）两种轮作方式。不同轮作模式农户在不同规模区间内的分布如表 3-2 所示。

从表 3-2 可知，超过总样本 3/4 的农户主要是纯粮作经营。纯粮作经营在各规模区间内的占比尽管各不相同，但比例都较大，1000 亩以上超大规模经营中纯粮作经营比重最大，为 90.7%。在纯粮作经营中，“小麦+玉米”轮作是华北平原典型的轮作模式。一半以上调查农户选择这种传统轮作方式，特别是 40 亩以下农户夏季偏好种植玉米；40~1000 亩规模经营户夏季改种其他作物的倾向更明显，特别是 100~200 亩内仅有 11.4%的农户夏季只选择种植玉米。相应地，华北平原去粮化经营比例较少，其中大部分农户夏季选择玉米和非粮作物兼种方式，夏季完全非粮化经营仅占全部样本的 4.3%②。就近年来库存量较高的玉米来说，仍是华北平原农户夏季首选种植品种。总体样本中有 77.6%的农户夏季作物中有玉米品种，特别是 20 亩以下的家庭经营和 40 亩以下的小规模经营夏季选择玉米种植的比例超过 90%。规模越大的农户此比例会趋于减少。100~400 亩，尤其是 200~300 亩经营方式灵活，分别有超过 65%和 85%以上的规模经营主体已跳出“小麦+玉米”这一传统的轮作模式，40%以上和 60%的规模经营主体夏季作物中不再选择玉米。

① 根据调查问卷内容把小麦、玉米、大豆和其他粮食作物定义为粮食作物，把棉花、油料作物、蔬菜、水果、药材、苗圃花卉等归类为非粮食作物。

② 基于样本粮户在纯粮作经营和去粮化经营细分轮作模型下分布不均衡的事实，本书仅探讨两轮轮作方式的适度规模。

表 3-2 不同轮作模式农户在不同规模区间内的分布

小麦种植规模区间（亩）		总体样本	20 以下	20~40	40~100	100~400	400 以上	100~200	200~300	300~400	400~1000	1000 以上
总体样本数量		598	125	111	123	161	78	102	35	24	35	43
纯粮作经营	数量	451	98	83	84	121	65	76	26	19	26	39
	占比（%）	75.4	78.4	74.8	68.3	75.2	83.3	74.5	74.3	79.2	74.3	90.7
小麦+玉米	数量	302	90	62	58	55	37	45	4	6	14	23
	占比（%）	50.5	72	55.9	47.2	34.2	47.4	44.1	11.4	25	40	53.5
小麦+大豆数量		19	0	0	3	14	2	6	2	6	2	0
小麦+玉米+大豆数量		41	5	9	6	12	9	5	3	4	7	2
去粮化经营	数量	147	27	28	39	40	13	26	9	5	9	4
	占比（%）	24.6	21.6	25.2	31.7	24.8	16.7	25.5	25.7	20.8	25.7	9.3
小麦+粮作物+非粮作物	数量	121	18	28	34	29	12	18	7	4	8	4
	占比（%）	20.2	14.4	25.2	27.6	18	15.4	17.6	20	16.7	22.9	9.3
小麦+玉米+非粮作物数量		102	18	24	27	23	10	13	6	4	6	4
小麦+非粮作物	数量	26	9	0	5	11	1	8	2	1	1	0
	占比（%）	4.3	7.2	0	4.1	6.8	1.3	7.8	5.7	4.2	2.9	0
夏季玉米种植	数量	464	113	102	97	95	57	66	14	15	28	29
	占比（%）	77.6	90.4	91.9	78.9	59	73.1	64.7	40	80	80	67.4

注：占比是所在轮作方式样本户与总体样本在相应规模区间内样本户的比例。

3.3 粮户土地意愿规模现状分析

3.3.1 不同规模区间内粮户意愿规模与现有种植面积的比较分析

以问卷调查中“现有条件下，你们认为种多少耕地比较合适?”来作为粮户的意愿规模。不同规模区间内粮户意愿规模和现有种植面积的数值大小比较如表3-3所示。从总体上看，各规模区间内意愿规模大于现有种植面积的粮户占比均最大，也就是说华北平原不同规模经营粮户均表现出较强的规模扩张意愿，土地扩张内在激励因素较强，尤其是100亩以下各规模区间，74.5%以上的粮户认为扩大现有土地面积比较合适，20亩以下小粮户经营更为突出，此比例高达93.2%，说明土地规模经营是民心所愿。相应地，规模收缩意愿较弱。400亩以上大规模或超大规模经营中主张缩小面积的粮户比例稍高，分别为40%和31%，但总体上仍表现为规模扩张意愿。两种轮作方式粮户同样表现出较强的规模扩张意愿，且除了20亩以下小粮户和1000亩以上超大规模经营粮户，其他规模去粮化经营农户土地扩张意愿明显强于纯粮作经营农户，至少说明1000亩以上去粮化超大规模经营面临的风险强于此规模区间的纯粮作经营。

意愿规模对现有种植面积的拟合图（见图3-9和图3-10①）直观呈现了粮户意愿规模选择是否契合适度规模经营的“拐点”或倒“U”型理论。不管是1000亩以下还是整个样本区间内二次拟合曲线和线性拟合线几乎完全重合，农户意愿规模和现有种植面积正相关关系显著。这意味着，总体来讲现有种植面积均不是粮户合意的经营规模，各个规模区间粮户都在期盼更大的经营面积，初步描绘出华北平原粮户视角下土地规模经营不存在学者们笔下的“拐点”或“适度”区间。更精确地讲，超过“适度”

① 虽然离群值并不会影响拟合曲线，但为避免纵轴刻度过大导致意愿规模过度集中给视觉上造成的模糊感，这里去掉了意愿规模为20万亩的离群值。

表 3-3　粮户意愿规模与现有种植面积数值大小比较

		总样本	20 亩以下	20~40 亩	40~100 亩	100~200 亩	200~300 亩	300~400 亩	400~1000 亩	1000 亩以上
总样本	大于	411（72.2）	110（93.2）	79（74.5）	93（78.2）	55（57.9）	15（46.9）	15（68.2）	21（60.0）	23（54.8）
	等于	62（10.9）	2（1.7）	11（10.4）	12（10.1）	17（17.9）	10（31.3）	4（18.2）	0（0）	6（14.3）
	小于	96（16.9）	6（5.1）	16（15.1）	14（11.8）	23（24.2）	7（21.9）	3（13.6）	14（40.0）	13（31）
纯粮作	大于	290（66.7）	90（94.7）	55（67.9）	54（67.5）	36（49.3）	8（33.3）	11（61.1）	13（50）	23（60.5）
	等于	60（13.8）	2（2.1）	10（12.3）	12（15）	17（23.3）	9（37.5）	4（22.2）	0（0）	6（15.8）
	小于	85（19.5）	3（3.2）	16（19.8）	14（17.5）	20（27.4）	7（29.2）	3（16.7）	13（50）	9（23.7）
去粮化	大于	121（90.3）	20（87）	24（96）	39（100）	19（86.4）	7（87.5）	4（100）	8（88.9）	0（0）
	等于	2（1.5）	0（0）	1（4）	0（0）	0（0）	1（12.5）	0（0）	0（0）	0（0）
	小于	11（8.2）	3（13）	0（0）	0（0）	3（13.3）	0（0）	0（0）	1（11.1）	4（100）

注：表格内容为比较结果户数，括号内为相应户数在各规模区间内的占比（单位为%）。

规模范围的规模经营主体在土地规模选择上存在激进或盲目的“贪大”倾向。这与程秋萍（2017）等“已远远超过家庭经营范围的规模经营主体意欲持续扩大现有土地规模，只要能拿到地就继续拿”的调研结论相吻合。为此，在第5章粮户土地规模意愿机理实证分析中把现有土地规模变量加入农户意愿规模影响因素的模型之中，从统计计量角度对它是否对农户意愿规模产生影响及影响程度如何给出稳健的结果。

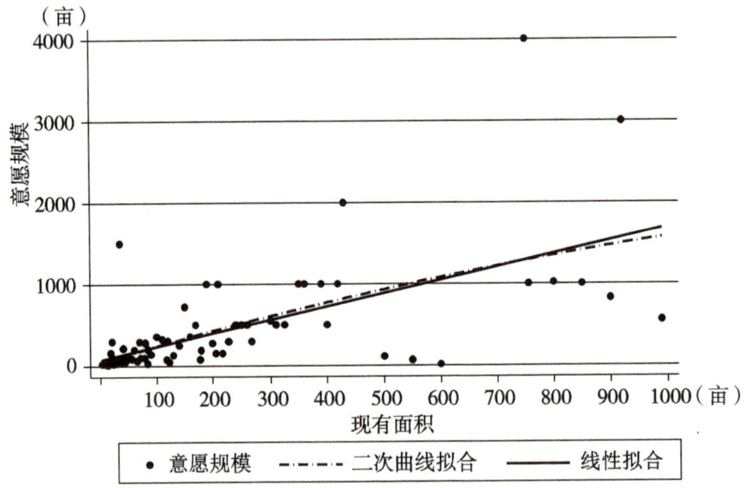

图3-9　1000亩以内意愿规模对现有种植面积的拟合

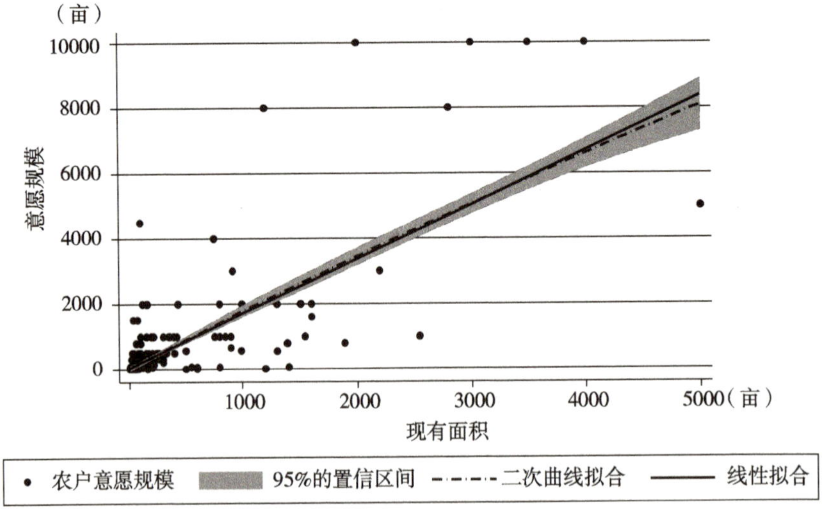

图3-10　意愿规模对现有种植面积的拟合

3.3.2　不同规模区间内粮户意愿规模现状分析

意愿规模与现有种植面积的数值大小比较结果反映出华北平原粮户规模扩张的意愿。而规模意愿在各规模区间的描述统计（见表3-4）揭示了粮户意愿规模扩张的强度。总体样本统计量显示粮户意愿规模跨度大、灵活（程秋萍，2017），小到只有口粮田，甚至不愿种植，最大到20万亩；意愿规模的中位数和上四分位数分别为100亩和300亩，意味着一半粮户认为100亩以下规模比较合适，75%的粮户意愿规模不超过300亩；总体样本均值为825亩，说明其余25%粮户追求的大规模或超大规模拉高了总体均值。总体样本在各规模区间意愿规模的统计量反映出一个明显的规律，即现有规模越小的粮户虽表现为规模扩张意愿，但意愿规模小；现有大规模或超大规模粮户敢于设想更大的规模经营。这意味着，粮户规模扩张强度受限于目前耕种面积。这一发现初步佐证了Cutforth等（2001）、Breustedt等（2008）、Villamil等（2008）、Keelen等（2010）等农场规模对农户决策过程具有显著影响的结论。

表3-4　意愿规模统计量在不同规模区间内的分布

		10%	25%	50%	75%	90%	均值	标准差	最小值	最大值	样本容量
总样本	总样本	20	30	100	300	1000	825.5	8472.6	0	200000	569
	20亩以下	13	20	30	50	50	37.6	45.94	0	300	118
	20~40亩	20	25	50	50	100	71	155.37	1.5	1500	106
	40~100亩	30	60	100	200	350	171.67	220.41	0	1500	119
	100~200亩	50	100	200	450	800	352.7	578.29	20	4500	95
	200~300亩	100	200	200	500	500	328.1	231.73	50	1000	32
	300~400亩	200	300	500	1000	1000	627.3	332.64	200	1000	22
	400~1000亩	0	50	650	1000	2000	844.6	882.36	0	4000	35
	大于1000亩	550	1000	2000	5000	10000	8319	30496	0	200000	42

续表

		10%	25%	50%	75%	90%	均值	标准差	最小值	最大值	样本容量
纯粮作	总样本	20	30	70	200	1000	972.2	9682.5	0	200000	435
	20亩以下	15	20	30	30	50	35.3	49.54	0	300	95
	20~40亩	20	20	50	50	100	52.2	51.3	1.5	350	81
	40~100亩	30	50	100	200	350	148	201.52	0	1500	80
	100~200亩	50	100	150	200	1000	296	430.17	20	2000	73
	200~300亩	100	150	200	500	500	308.3	256.93	50	1000	24
	300~400亩	200	300	500	1000	1000	544.4	311.02	200	1000	18
	400~1000亩	0	50	560	1000	2000	733.1	780.11	0	3000	26
	大于1000亩	50	1600	2000	8000	10000	9095	32001	0	200000	38
去粮化	总样本	40	50	150	500	1000	345.2	586.47	0	4500	134
	20亩以下	0	40	50	50	80	47	24.94	0	100	23
	20~40亩	30	40	50	50	300	131.6	303.02	20	1500	25
	40~100亩	100	100	150	200	300	220.3	250.67	50	1500	39
	100~200亩	100	200	375	500	500	540.9	902.33	100	4500	22
	200~300亩	200	300	400	500	500	387.5	124.64	200	500	8
	300~400亩	1000	1000	1000	1000	1000	1000	0.00	1000	1000	4
	400~1000亩	0	1000	1000	1000	4000	1167	1118	0	4000	9
	大于1000亩	800	900	1000	1000	1000	950	100	800	1000	4

粮作经营和去粮化经营两种轮作方式农户的意愿规模在规模区间内仍表现出现有种植面积对规模扩大强度的影响，但两者表现出一定的差异性：第一，1000亩以下各规模区间内去粮化经营农户的意愿规模总大于纯粮作经营农户，这或许说明纯粮作经营收益相对较少，相对去粮化经营其规模扩张激励因素乏力。第二，在300~400亩、400~1000亩和大于1000亩纯粮作经营农户的意愿规模均值分别为544亩、733亩和9095亩，呈现明显的规模大小层次，去粮化经营农户在三区间内的意愿规模基本稳定在1000亩左右。可能的原因是去粮化规模经营风险大于纯粮作经营，或纯粮作规模经营收益较去粮化稳定导致大规模纯粮作经营户追求更大的规模，而大规模去粮化经营户意愿规模趋于收敛。第三，1000亩以上纯粮作经营农户中，有3/4农户认为

1600 亩以上比较合适，1/4 粮户的意愿规模在 8000 亩以上，1/10 粮户的意愿规模在 1 万亩以上，最大意愿规模达到 20 万亩，说明 1000 亩以上超大规模纯粮作经营农户规模扩张的内在激励因素强烈。正是这部分粮户过大的意愿规模导致纯粮作经营农户的总体总值大于去粮化经营农户。

3.4 粮户土地规模决策行为分析

3.4.1 粮户土地规模决策行为分析

将调查问卷中粮户今后几年在土地规模上打算“扩大面积”“减少面积”“保持不变”或“不种”的选择结果作为华北平原粮食种植户的土地规模决策行为。表 3-5 是华北平原粮户土地规模决策行为的总体分布情况。华北平原粮户四种土地规模决策相比较而言，农户首先倾向于扩大规模决策，有 45.4%的粮户打算下一步扩大现有种植面积；其次是规模不变决策的粮户较多，占比约为 36.6%；再次是缩小规模打算的粮户，占总样本的 10.92%；只有 7.11%的农户打算不再种植，占比最少。

表 3-5 土地规模决策行为的总体分布情况

	样本量	扩大规模		缩小规模		保持不变		不再种植	
		数量	占比（%）	数量	占比（%）	数量	占比（%）	数量	占比（%）
总体	577	262	45.41	63	10.92	211	36.57	41	7.11
纯粮作经营	442	181	40.95	50	11.31	178	40.27	33	7.47
去粮化经营	135	81	60.00	13	9.63	33	24.44	8	5.93
净收入为正	461	205	44.47	38	8.24	186	40.35	32	6.94
净收入非正	116	57	49.14	25	21.55	25	21.55	9	7.76

从不同类型粮户的土地规模决策来看：去粮化经营户和纯粮作经营户中分别有 60%和 40.95%的粮户做出下一步扩大土地规模的决策，说明平均来看去粮化经营户相对纯粮作经营户更倾向于做出扩大规模的决策。相应地，

纯粮作经营户在缩小规模、保持不变和不再种植三种规模决策上的比例分别为 11.31%、40.27%和 7.47%，均大于去粮化经营户在三种决策上的比例(9.63%、24.44%和 5.93%)。因此，纯粮作经营户相对去粮化经营户在扩大土地规模决策上动力不足。就两种类型粮户来说，选择扩大土地规模决策的粮户占比均最大，但纯粮作经营户中现有种植面积保持不变决策的粮户几乎与扩大现有种植面积决策的农户比例持平，而去粮户经营户中选择扩大规模粮户决策的粮户几乎是保持现有种植面积不变粮户的 3 倍，说明纯粮作粮户相对去粮化粮户在土地规模经营中缺乏利益优势。所以，现阶段内，为保障国家粮食安全和粮户利益收入，规模经营政策扶持机制应向种粮大户倾斜。

无论现有规模内全年作物净收益为正或非正的粮户，下一步选择扩大现有规模决策的比例最大，分别为 44.5%和 49.1%，再次表明华北平原粮户总体上偏向扩大现有土地规模的决策行为。对全年作物净收入为正的粮户，多数粮户选择扩大土地规模，寻找更多的规模效益；其次有 40.4%的粮户选择现有规模保持不变的决策，维持现有规模收益。对全年作物净收益为负或没有净收益的粮户，其规模决策仍以扩张现有种植面积比例最大，但选择缩小规模和保持不变两种决策粮户的比例持平，一定程度上反映了华北平原粮食种植户土地规模决策不是一味地扩张，而是存在兼顾净收益、寻求规模效益的行为逻辑。

3.4.2 不同规模区间内粮户土地规模决策行为分析

表 3-6 是不同规模区间内粮户的四种土地规模决策分布情况（纯粮作和去粮化经营户规模决策在不同规模区间内的分布情况见本书附表 1，不同净收益粮户在不同规模区间内的分布情况见本书附表 2）。就扩大规模决策来说，不同种植面积农户打算扩大规模的占比都较大，现有种植面积在 40~400 亩的比例最大；就土地规模保持不变的决策来说，现有种植面积越大的农户采取此策略的比例越少，40 亩以下的农户保持种植规模不变策略的占比更大；就缩小规模决策来说，1000 亩以上超大规模经营主体缩小规模策略农户占比最大，约为 31%；而 300 亩以上采取不再种植决策的农户比例最多。总之，除了一半以上的小农户不打算改变耕种面积外，其他农户打算扩大土地规模的占比最多。因此，本书整体上偏重于扩大土地规模决策行为的分析。

表 3-6 土地规模决策行为在各规模区间的分布

		20 亩以下	20~40 亩	40~100 亩	100~200 亩	200~300 亩	300~400 亩	400~1000 亩	1000 亩以上
总样本		122	105	120	102	33	22	34	42
扩大规模	数量	46	43	62	53	15	11	13	19
	占比（%）	37.70	40.95	51.67	51.96	45.45	50.00	38.24	45.24
缩小规模	数量	8	6	13	10	7	0	6	13
	占比（%）	6.56	5.71	10.83	9.80	21.21	0.00	17.65	30.95
保持不变	数量	62	49	45	32	10	5	7	4
	占比（%）	50.82	46.67	37.50	31.37	30.30	22.73	20.59	9.5
不再种植	数量	6	7	3	6	0	5	8	6
	占比（%）	4.92	6.67	2.50	5.88	0.00	22.73	23.53	14.29

3.5 粮户土地规模意愿和决策行为总结

（1）就粮户土地规模意愿和决策行为分开来看，从本章上述对土地规模意愿和决策行为单独的统计描述中发现，华北平原粮户土地规模意愿和决策行为存在以下共性：

第一，从总体上看，华北平原粮户土地规模意愿和决策选择行为均表现为扩张现有种植面积。因此，下文实证分析重在验证粮户规模意愿和决策行为是否理性。

第二，从纯粮作经营户和去粮化经营户两种粮户类型看，纯粮作经营户在土地规模上缺乏扩张的意愿和决策动力。

第三，把粮户土地规模意愿和土地规模决策行为分开来看，华北平原粮户土地规模扩张决策行为明显，但土地规模扩张意愿表现更强烈。无论对规模区间内粮户、纯粮作或去粮化经营粮户，还是全年有无净收益的粮户，其土地规模意愿均表现为扩张意愿。而土地规模扩张决策倾向对净收益非正粮户有所改变。

（2）从粮户土地规模意愿和决策行为连续来看，把粮户土地规模意愿和决策看作一连贯的行为，重点分析华北平原粮户土地规模扩张决策是否依赖规模意愿，或粮户土地规模意愿是否影响后续的规模决策行为，即粮户土地规模意愿和决策行为有无协同性。土地意愿规模大于现有种植面积粮户的规模决策行为反映这一协同性（意愿规模大于现有种植面积粮户的土地规模决策意愿分布见表 3-7）。

表 3-7 数据显示：第一，从总体样本来看，有土地规模扩张意愿的粮户中，约 57.7%的粮户在后续规模决策中继续土地规模扩张决策行为，约 35.3%的粮户选择保持现有种植面积不变的决策，约 5.4%和 4.4%的粮户采取缩小现有种植面积和放弃种植的规模决策行为。也就是说，从总体来看，华北平原粮户土地规模扩张决策行为在一定程度上反映了前期的土地规模意愿。

表 3-7 意愿规模大于现有种植面积农户土地规模决策意愿分布

		总样本	20 亩以下	20~40 亩	40~100 亩	100~200 亩	200~300 亩	300~400 亩	400~1000 亩	1000 亩以上
总样本	总体	411	110	79	93	55	15	15	21	23
	扩大	237	46	43	56	41	11	8	13	19
	占比（%）	57. 66	41. 82	54. 43	60. 22	74. 55	73. 33	53. 33	61. 90	82. 61
	缩小	22	5	4	5	1	0	0	3	4
	占比（%）	5. 35	4. 55	5. 06	5. 38	1. 82	0. 00	0. 00	14. 29	17. 39
	不变	145	57	27	32	16	4	5	4	0
	占比（%）	35. 28	51. 82	34. 18	34. 41	29. 09	26. 67	33. 33	19. 05	0. 00
	不种	18	6	4	3	3	0	2	0	0
	占比（%）	4. 38	5. 45	5. 06	3. 23	5. 45	0. 00	13. 33	0. 00	0. 00
纯粮作	总体	290	90	55	54	36	8	11	13	23
	扩大	156	30	30	33	22	8	7	7	19
	占比（%）	53. 79	33. 33	54. 55	61. 11	61. 11	100. 00	63. 64	53. 85	82. 61
	缩小	15	5	1	2	1	0	0	2	4
	占比（%）	5. 17	5. 56	1. 82	3. 70	2. 78	0. 00	0. 00	15. 38	17. 39
	不变	115	53	22	19	16	0	2	3	0
	占比（%）	39. 66	58. 89	40. 00	35. 19	44. 44	0. 00	18. 18	23. 08	0. 00
	不种	14	5	4	3	0	0	2	0	0
	占比（%）	4. 83	5. 56	7. 27	5. 56	0. 00	0. 00	18. 18	0. 00	0. 00

续表

		总样本	20 亩以下	20~40 亩	40~100 亩	100~200 亩	200~300 亩	300~400 亩	400~1000 亩	1000 亩以上
去粮化	总体	121	20	24	39	19	7	4	8	0
	扩大	81	16	13	23	19	3	1	6	0
	占比（%）	66.94	80.00	54.17	58.97	100.00	42.86	25.00	75.00	NA
	缩小	7	0	3	3	0	0	0	1	0
	占比（%）	5.79	0.00	12.50	7.69	0.00	0.00	0.00	12.50	NA
	不变	30	4	5	13	0	4	3	1	0
	占比（%）	24.79	20.00	20.83	33.33	0.00	57.14	75.00	12.50	NA
	不种	4	1	0	0	3	0	0	0	0
	占比（%）	3.31	5.00	0.00	0.00	15.79	0.00	0.00	0.00	NA

注：“扩大”“缩小”“不变”“不种”为对应数量，下行为占比；NA 表示该规模区间无样本数据。

第二，从纯粮作和去粮化两种不同轮作方式粮户来看，有土地规模扩张意愿的两种轮作方式粮户中，约 53. 8%的纯粮作粮户和约 66. 9%的去粮化粮户在土地规模决策行为中选择扩大行为，约 39. 7%的纯粮作粮户和约 24. 8%的去粮化粮户选择保持现有种植面积不变的决策。有土地规模扩张意愿的粮户中选择放弃种植决策的粮户占比最小，纯粮作和去粮化粮户此占比数据分别约为 4. 8%和 3. 3%。

第三，从不同规模区间粮户来看，100~300 亩有规模扩张意愿粮户中下一步采取规模扩张决策的比例较大，无论对纯粮作还是去粮化粮户均呈现此规律。对 1000 亩以上有土地规模扩张意愿的纯粮作粮户中约 82. 6%的比例选择扩大规模决策，说明 1000 亩以上超大规模纯粮作经营户可能存在规模扩张的盲目性。对 20 亩以下纯粮作家庭户有规模扩张意愿粮户中约 1/3 粮户采取规模扩张决策，2/3 粮户没有继续坚持土地规模扩张意愿。

（3）综合来看，不管把粮户土地规模意愿和决策行为作为单独还是连续行为的统计分析，都不难发现华北平原粮户的土地规模意愿和决策行为表现为以下特征：第一，土地规模扩张意愿明显，土地规模扩张决策行为突出。因此，本书重在分析华北平原土地规模扩张决策行为机理。第二，土地规模扩张的意愿明显强于决策。因此，下文实证分析中，首先单独实证研究土地规模意愿和决策行为，再把意愿和决策作为连续过程实证分析粮户土地规模决策行为是否依赖土地规模意愿。第三，纯粮作种植户相对去粮化种植户在土地规模扩张意愿和土地规模扩张决策中均表现出较弱的差异性。因此，下文实证分析中把粮户分为纯粮作和去粮化两种类型，以考察两种类型粮户土地规模决策行为的异质性。

3.6 本章小结

华北平原是中国第二大平原，地势低平，土层深厚，土质肥沃，耕作历史悠久，是以旱作为主的农业区，粮食作物以小麦、玉米为主，主要经济作物为棉花和花生。地处华北平原的河南省素有“中原粮仓”之称，首先，本章分析了河南省耕地面积、粮食种植面积、粮食产量在华北平原和全国的地位，得出河南省小麦种植户可作为华北平原粮食种植户的典型代表的结论。

其次，本章根据样本农户小麦种植规模的概率密度分布情况，把现有经营规模分为 20 亩以下、20~40 亩、40~100 亩、100~400 亩和 400 亩以上五种基本规模类型，400~1000 亩、1000 亩以上两种比较规模类型，以及 100~200 亩、200~300 亩和 300~400 亩三个细分规模区间。按照夏季种植作物的类别把华北平原粮食种植分为纯粮作经营和去粮化经营两种轮作方式。

最后，通过对华北平原土地意愿规模和土地规模决策行为的分别和联合统计描述分析发现：华北平原粮户在土地规模意愿和决策行为上表现为规模扩张倾向明显的共同性，同时也表现为土地规模扩张意愿明显强于决策，且去粮化种植户相对纯粮作种植户在规模意愿和规模决策中均显示出较强扩张倾向的差异性。

4

华北平原粮食适度规模的厘定

立足国内外形势，粮食安全始终具有重要的战略意义。而作为粮食经营主体的农户，粮食规模经营的最终目的是获得收益。但稳粮增收在现实中面临国际粮价下行压力下，粮食收购价格稳中有降、增产未必增收，和粮户逐利动机下规模扩张增收无视增产的双重桎梏。不仅如此，已有文献经验分析也表明，随着土地规模的扩大，单位产量显著减少，而单位利润减少不明显甚至增加（Carter，1984；Lamb，2003；Foster et al.，2011）。因此得出，粮户存在内在激励追逐土地规模经营（王建英等，2015），仅从粮食产量考虑不宜推进大规模土地经营（刘凤芹，2006），或规模扩张初始阶段主体行为结果难以拟合政府目标，只有当规模扩张至一定阶段，粮食适度规模才接近政府目标要求，但与政府期许的基于家庭经营发展起来的“适度”尚有差距（尚旭东等，2017）。在农业生产技术不断进步的情况下，规模经营真如多数学者所认为的土地规模与土地产量呈负相关关系、与粮户收入呈正相关关系？适度经营规模因宏微观对象追求的价值目标不同而呈现相互背离的结果？相应地，政策制度上面临稳粮增收宏微观目标不能同时兼得的艰难抉择？为清楚地回答上述问题，本章着眼于粮食安全、粮户收入两视角，依据单位土地产量（简称土地单产）、技术效率、单位土地净收益（单季小麦和全年农作物）三标准，分别在“冬季小麦+夏季纯粮作经营”“冬季小麦+夏季去粮化经营”两种轮作模式下，分别推演粮食安全与粮户收益最大化目标下适度规模的演绎路径，考量粮户行为和政府目标是否偏离及偏离程度，从而科学厘定华北平原两种轮作方式下小麦适度经营规模的阈值范围。

4.1 单产最大化标准下适度经营规模的厘定

表 4-1 所示是不同轮作方式下各规模区间小麦单产的统计描述（不同

规模区间粮户投入产出数据的统计描述见本书附表3），从中发现小麦单产在两种轮作方式中表现出了较为明显的差异性：在纯粮作经营中，小麦亩均单产在各规模区间内较为稳定，200~400亩优势明显，尤其是300~400亩单产均值最大，为573.1公斤/亩；在去粮化轮作模式下，最引人注意的是，1000亩以上超大规模经营户虽然样本量少，但小麦单产都较低，集中在387公斤/亩左右，明显低于总体总值498.6公斤/亩，说明超大规模去粮化经营的小麦实际产出能力不足，另外200~1000亩单产均值较大。

总的来看，华北平原小麦单产在不同规模区间差别不大，总体单产均值为491公斤/亩，20亩以下家庭户亩均单产为466.4公斤/亩，低于总体均值，200~300亩和300~400亩在两种轮作方式下均具有较大的产出；小麦单产的不稳定性基本上随着经营规模的扩大而增加，20亩以下家庭户单产波动性最小，标准差为162.9。

由两种轮作方式下单产与土地规模的线性、二次曲线和多项式拟合图（见图4-1和图4-2）可见，纯粮作经营小麦单产总体比较稳定，二次函数与线性拟合线几乎水平重合，小麦单产围绕500公斤/亩上下波动；去粮化经营小麦单产相对不稳定，但未表现出明显的负相关关系；两种轮作方式下1000亩以上小麦单产普遍较低，且波动性较大，因此单产最大化标准下，适度规模应定位于1000亩以内。从1000亩以下纯粮作经营小麦单产拟合图（见图4-3）可以看出，小麦单产整体比较稳定，200亩以下和400亩以上稍显劣势。从1000亩以下去粮化经营小麦单产拟合图（见图4-4）可以看出，200亩和300亩左右小麦单产均显示明显优势，但400亩以上小麦单产波动幅度增大。因此，华北平原小麦单产基本稳定，200~400亩略显优势，与土地规模未表现出明显的正相关关系或负相关关系，但土地规模越大，小麦单产越不稳定。

表 4-1 不同轮作方式下小麦单产在不同规模区间内的统计描述

单位：公斤/亩

	全部样本	20 亩以下	20~40 亩	40~100 亩	100~400 亩	400 亩以上	100~200 亩	200~300 亩	300~400 亩	400~1000 亩	1000 亩以上
全部样本	491.4	466.4	497.1	489.6	506.8	495.0	488.9	518.2	566.2	511.4	481.7
	186.0	162.9	184.4	176.2	202.5	202.7	270.3	270.3	194.4	149.4	238.4
纯粮作经营	489.1	447.8	494.3	494.2	513.1	493.5	499.1	510.3	573.1	496.5	491.5
	184.9	157.4	171.1	181.6	199.1	210.8	190.8	232.4	181.5	140.9	248.6
去粮化经营	498.6	533.7	505.6	479.2	487.7	502.9	459.1	541	540	554.3	387.1
	189.9	167.5	222.7	165.8	213.8	162.6	113.5	375.5	260.8	173.1	9.65

注：上行为均值，下行为标准差。

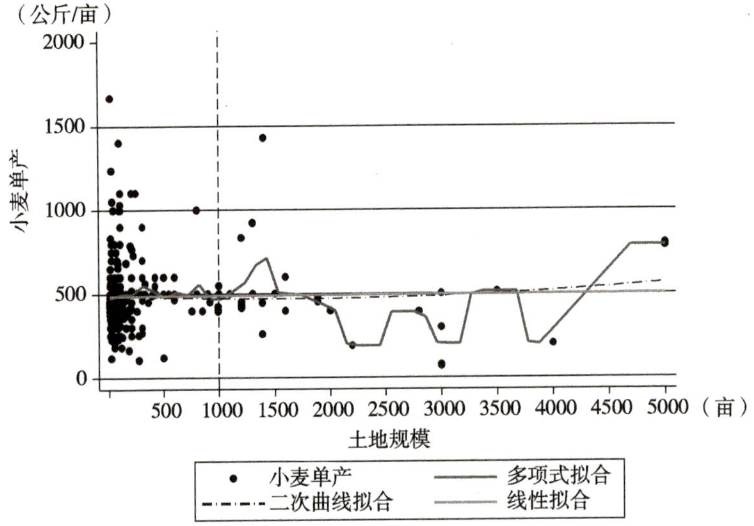

图 4-1　纯粮作经营小麦单产拟合图

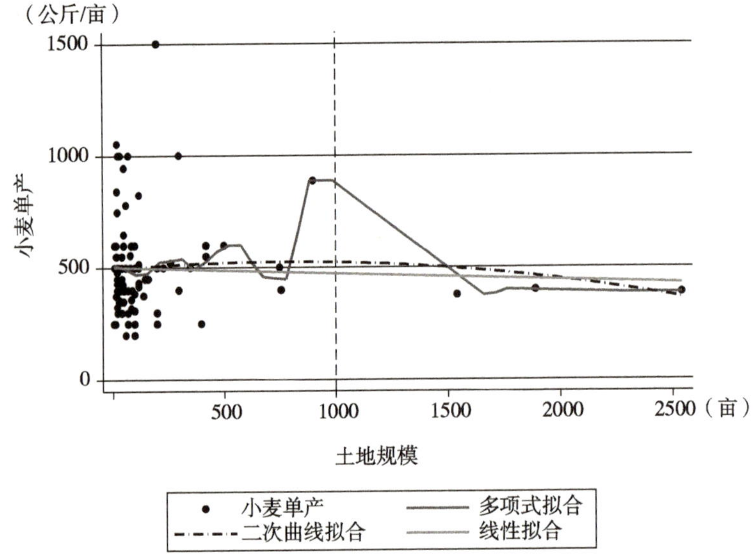

图 4-2　去粮化经营小麦单产拟合图

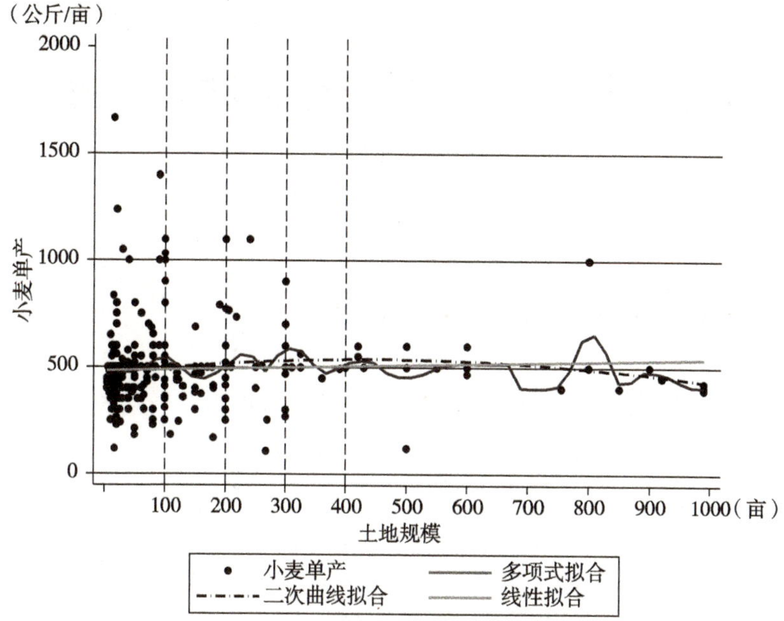

图 4-3　1000 亩以下纯粮作经营小麦单产拟合图

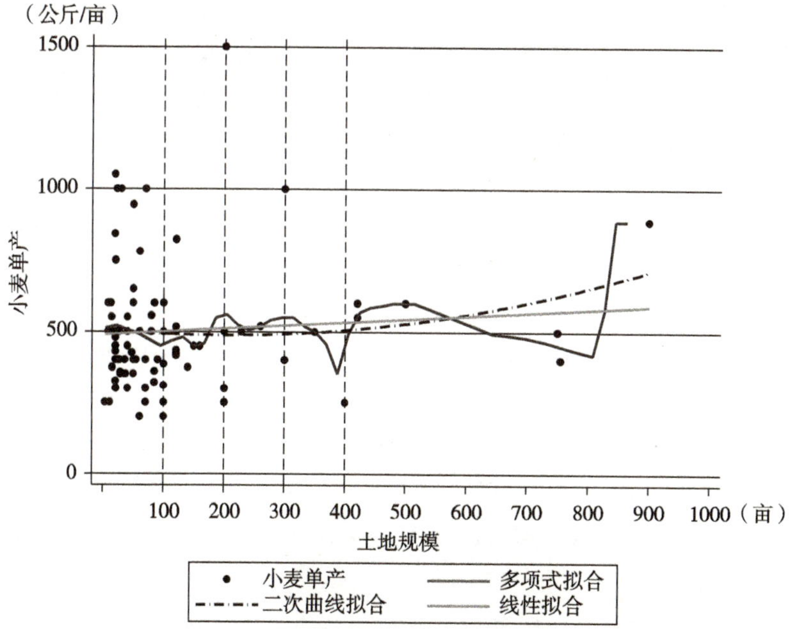

图 4-4　1000 亩以下去粮化经营小麦单产拟合图

4.2 技术效率最大化标准下适度经营规模的厘定

4.2.1 变量选择与模型确定

为探究不同规模区间内不同轮作方式粮户运用现有前沿技术达到最大产出的能力，本书采用 Battese 和 Coelli（1995）提出的随机前沿生产函数模型，同时估计随机生产前沿和技术效率损失函数。被解释变量选择小麦单产 avepro（单位：公斤/亩），投入要素包括亩均成本 avecost（单位：元/亩）和耕地面积 area（单位：亩），其中亩均成本包括资本成本和劳动成本。以往大部分研究中把投入成本分为资本和劳动，甚至列出更为明细的投入因素，以便能详细区分各投入要素对产出的影响，但也会不可避免地带来多重共线性问题，从而使估计结果产生偏误，最终无益于本书的研究。因此，这里的投入要素仅细分为亩均成本和耕地面积。

在生产函数形式选择上，本书依据样本数据的试验结果，采用 C-D 生产函数形式使各项指标都有良好的统计性质，生产函数为：

$$\ln avepro_{it}=\beta_0+\beta_1\ln avecost_{it}+\beta_2\ln area_{it}+(V_{it}-U_{it}) \quad (4-1)$$

其中，$(V_{it}-U_{it})$ 表示复合误差；V_{it}表示在生产过程中粮户不能控制的因素，$V_{it}\sim iidN(0,\ \sigma_V^2)$；$U_{it}$表示第 i 个粮户第 t 时期的生产技术无效率部分，U_{it}非负，且服从独立的截断正态分布 $N(m_{it},\ \sigma_U^2)$。

选择技术效率影响因素时，按照“从一般到特殊”的原则。首先，选取农业经营负责人的受教育年限、年龄、是否担任过领导、得到扶持政策的数目、农业经营资金缺口、采用农业生产资料种类数、是否参加农业保险等 19 个影响因素。然后，依据其本身的显著性及其对其他影响因素和投入要素系数的影响，最终筛选出是否兼业经营 dprcom①、粮户采用农业生

① 在种植、养殖、水产、林业、农机、植保和其他行业 7 种经营行业中同时经营任意两种行业以上为 1，只经营种植业为 0。

产资料种类数 meapro①、已得到扶持政策的数目 nsubsidy②、是否参与农业保险 dinsure（是为 1，否为 0）以及农业经营负责人是否担任过领导（是为 1，否为 0）、是否参加过培训 dtrain（是为 1，否为 0）6 个因素。因此，生产技术效率影响因素函数形式为：

$$m_{it}=\delta_0+\delta_1 dprcom_{it}+\delta_2 meapro_{it}+\delta_3 nsubs_{it}+\delta_4 dinsure+\delta_5 leader+\delta_6 dtrain_{it} \quad (4-2)$$

根据 Battese 和 Corra（1997），用 $\sigma^2=\sigma_V^2+\sigma_U^2$ 和 $\gamma=\sigma_U^2/(\sigma_V^2+\sigma_U^2)$ 分别替代 σ_V^2 和 σ_U^2，因而，$\lambda\in(0,\ 1)$，反映误差项中技术无效所占的比例。

4.2.2 随机前沿生产函数估计结果分析

利用 Frontier 4.1 程序对随机前沿生产函数式（4-1）和技术效率函数模型式（4-2）进行估计，得到两个模型参数估计结果见表 4-2 和表 4-3。随机前沿生产函数的估计结果显示：亩均成本对小麦单产具有正向影响。亩均成本提高 1%，单产提高 0.07%，其在 1%的显著性水平上通过显著性检验。耕地面积系数在 10%的显著性水平上未通过检验，但其符号为正说明单产与耕地面积不是负相关关系。这与前文中样本数据的统计描述基本一致。γ 的系数约为 0.633，并且能通过显著性水平为 1%的显著性检验，说明小麦生产过程存在效率的损失，复合误差项的总变异中有 63.3%来自于技术非效率。LR 值为 82.45，大于 1%显著性水平上自由度为 8 混合卡方临界值 19.38，说明生产函数存在显著的非效率项，验证了选用随机前沿生产函数的合理性。

表 4-2 随机前沿生产函数的估计结果

自变量	估计系数	t 值	自变量	估计参数	t 值
C（常数项）	5.7736	41.85***	σ^2	0.25313	5.124***
lnavecost	0.07175	3.254***	γ	0.63257	6.236***
lnarea	0.01282	1.243	似然函数值	-194.549	

注：*** 表示在 1%的水平上通过显著性检验。

① 农业生产资料种类包括高产品质、优质品质、化学农药、生物农药、有机肥、复合肥、控释肥、农业薄膜和其他 9 种类型。

② 政府扶持政策包括政府资金支持、承担涉农项目、农地流转、设施用地、政府财政补贴、税收减免、技术推广服务、领班人培训、内部治理和其他 10 种类型。

表 4-3 不同轮作模式粮户的技术效率均值在不同规模区间的分布

	总体样本	20亩以下	20~40亩	40~100亩	100~400亩	400亩以上	100~200亩	200~300亩	300~400亩	400~1000亩	1000亩以上
总体样本	0.867	0.881	0.876	0.859	0.881	0.811	0.879	0.875	0.904	0.838	0.789
	0.093	0.056	0.067	0.092	0.073	0.162	0.065	0.108	0.03	0.115	0.191
纯粮作经营	0.866	0.877	0.870	0.864	0.884	0.816	0.88	0.884	0.902	0.842	0.799
	0.096	0.061	0.073	0.093	0.071	0.166	0.059	0.113	0.031	0.108	0.195
去粮化经营	0.867	0.893	0.893	0.849	0.874	0.786	0.875	0.848	0.91	0.828	0.693
	0.083	0.026	0.043	0.09	0.081	0.144	0.081	0.096	0.026	0.138	0.123

注：上行为均值，下行为标准差。

不同轮作模式的技术效率在不同规模区间内的分布（见表4-3）反映出：第一，技术效率在家庭户和40亩以下的小规模经营中均高于总体平均水平，而在400亩以上的大规模特别是1000亩以上的超大规模中明显低于平均水平，而平均技术效率的最大值都出现在300~400亩，200~300亩也具有较大产出效率，说明规模经营只要掌握好恰当的“度”，就可以达到家庭户“精耕细作”的效率，且随着适度规模经营经验的积累，技术效率能超过家庭户，接近潜在前沿产出水平。第二，小麦技术效率在两种轮作方式下均表现出在越小规模间越稳定，越大规模内差异越大的特征，再次说明超大规模存在异于小规模的经营风险，也凸显出适度规模经营的科学合理性。第三，400亩以上大规模尤其是1000亩以上超大规模经营在两种轮作方式下均表现出技术效率最低且标准差最大的特征，说明规模经营超出一定的“度”之后，不仅损失产出能力，而且风险增大。因此，规模经营不能盲目求“大”。

两种轮作方式在整个样本区间（见图4-5和图4-6）和1000亩以内（见图4-7和图4-8）的技术效率和土地规模拟合图均明确表达了规模越大技术效率越低、波动性越大的特点。而每种轮作方式下的差别反映了技术效率均值在土地经营面积超过一定规模之后呈现明显的下降趋势，即适“度”规模经营能改善或减弱技术效率与土地规模的负相关关系。1000亩以内的拟合图显示，200~400亩两种轮作方式的技术效率相对都较高，300~400亩均值达到0.9以上，说明200~400亩投入要素配置合适，能较大程度地实现潜在产出能力。

4.2.3 技术效率模型估计结果分析

总体样本平均技术效率为86.7%，说明若消除效率损失，粮户的生产技术效率有13.3%的提升空间。从各影响因素的估计系数来看（见表4-4），粮户采用农业生产资料种类数和是否担任过村干部对技术效率具有显著的正向影响。农业生产中，生产资料的投入并不仅仅局限于化肥农药，在现代农业中，如加大高产品种、控释肥、测土配方技术等科技投入，是提高农业产出效率的重要手段。而村干部身份一方面代表个人能力，更重要的是其带来普通粮户无法得到的资源、信息和社会关系等社会资本，因此村干部身份有利于技术效率的提高。而是否是种植业和其他行业兼业经营、得

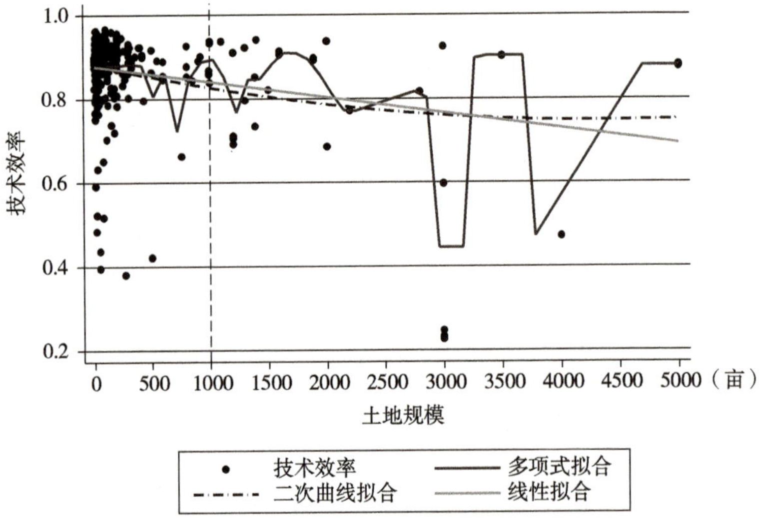

图 4-5　纯粮作经营户技术效率拟合图

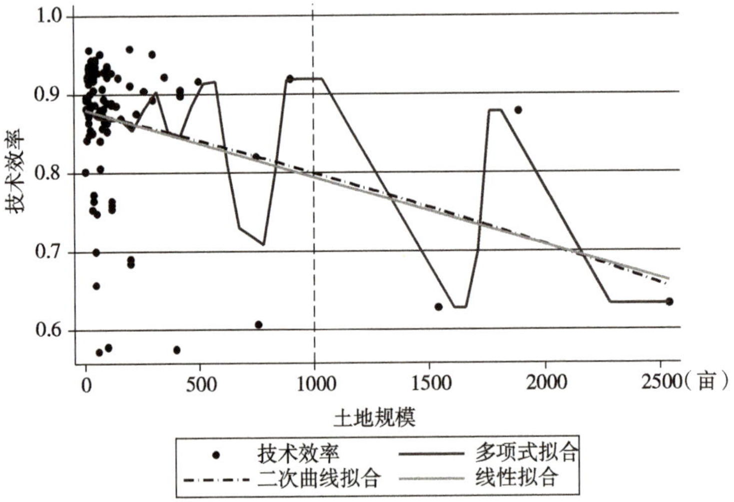

图 4-6　去粮化经营户技术效率拟合图

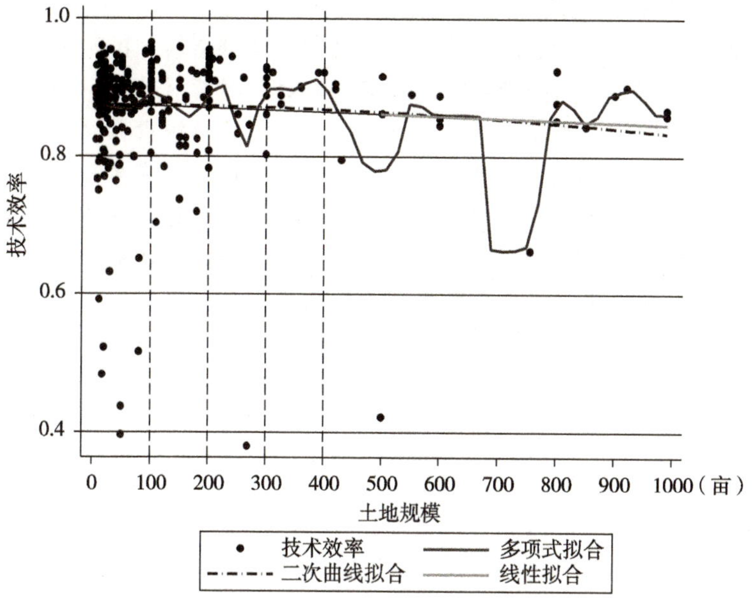

图 4-7　1000 亩以下纯粮作经营技术效率拟合图

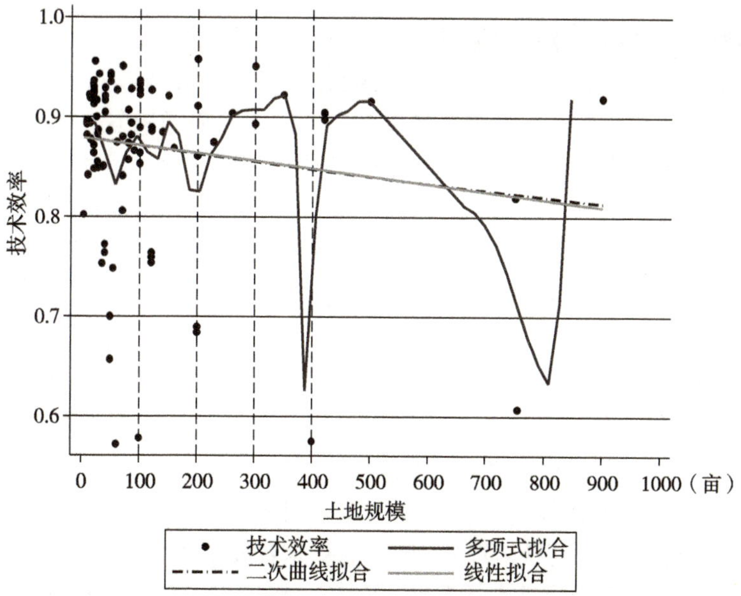

图 4-8　1000 亩以下去粮化经营技术效率拟合图

到政府扶持的种类数和是否参与培训对技术效率有负向作用，且都在1%的显著性水平下通过检验。种养一体化经营能够创造较大的经济效益、生态效益等，这一观点得到学界认可，但这种兼业经营对粮食种植技术效率会产生什么影响，已有研究并不多见。兼业经营会给粮食种植带来秸秆利用、有机肥料来源等益处，即“正效应”；但与此同时，在既定有限的可利用生产要素条件下，兼业经营所需要的知识、机械设备、生产资料等投入要素的增加，会挤压规模户在粮食种植上配置时间和资源，这可以理解为兼业经营给规模农户粮食生产带来的“负效应”。

表4-4 影响技术效率各因素的估计结果

自变量	估计系数	t值	自变量	估计参数	t值
C（常数项）	-1.35722	-3.459***	dinsure	-0.01932	-0.182
dprcom	0.79289	4.208***	dleader	-0.73578	-4.57***
meapro	-0.19952	-4.808***	dtrain	0.406187	2.951***
nsubs	0.24696	5.005***			

注：***代表在1%的水平上通过显著性检验。

模型结果显示，兼业经营的“负效应”大于“正效应”。由于农业补贴、资金支持等政府扶持政策在实际执行中存在多部门管理、中间环节繁杂、执行周期长、操作成本高等诸多问题，因此得到政府扶持的种类数越多，执行成本越高，对小麦生产技术效率冲击影响越大。技术培训作为一种非正规教育手段，通常被认为对提高粮户经营能力、粮食生产能力具有重要作用。但模型结果与之相反。这使我们转换传统思维模式，从培训的具体内容上重新思考其对小麦生产技术效率的作用。

第一，培训内容是否与小麦种植有关。从是否接受培训变量均值在不同规模区间的分布来看（见表4-5），小麦种植规模越大，种植户接受培训的比例也越大，尤其是去粮化经营户。采用生产资料的种类数和是否兼业经营两个变量也有此相同规律，且去粮化经营在1000亩以上的两变量均值都远大于其总体均值，说明农户种植规模越大，兼业经营的比例越大，兼业经营分担风险的同时，也意味着在粮食种植方面的不专业，因此技术培训的内容应具有针对性。第二，培训内容偏技术轻管理或无管理。长期以来，农业培训项目局限于播种、田间管理、防治病虫害等“种养收”环节中的技术，对如何进行劳动力、资金、机械分配等规模经营管理亟须加以强化。缺乏善经营、会管理的能力是规模经营效率损失的重要因素。是否参与农业保险表现为技术效率的中性，未通过10%的显著性水平检验，在一定程度上说明粮户是否参与农业保险对小麦生产技术效率无影响。

表 4-5 技术效率影响因素在不同规模区间的均值分布

		总体样本	20亩以下	20~40亩	40~100亩	100~400亩	400~1000亩	1000亩以上
dprcom	总体样本	0.207	0.104	0.144	0.244	0.155	0.486	0.535
	纯粮作经营	0.2	0.102	0.181	0.214	0.116	0.5	0.513
	去粮化经营	0.231	0.111	0.036	0.308	0.275	0.444	0.75
meanpro	总体样本	0.983	0.64	0.685	0.667	1.447	0.829	2.047
	纯粮作经营	0.862	0.622	0.566	0.417	1.289	0.692	1.846
	去粮化经营	1.354	0.704	1.036	1.205	1.925	1.222	4
nsubs	总体样本	1.314	1.432	1.045	1.114	1.36	1.171	2.186
	纯粮作经营	1.284	1.459	1.157	0.988	1.298	1	1.897
	去粮化经营	1.408	1.333	0.714	1.385	1.55	1.667	5
dinsure	总体样本	0.326	0.168	0.216	0.317	0.416	0.514	0.605
	纯粮作经营	0.348	0.133	0.277	0.369	0.421	0.538	0.641
	去粮化经营	0.259	0.296	0.036	0.205	0.4	0.444	0.25
dleader	总体样本	0.184	0.096	0.045	0.138	0.366	0.2	0.233
	纯粮作经营	0.193	0.122	0.048	0.119	0.372	0.231	0.256
	去粮化经营	0.156	0	0.036	0.179	0.35	0.111	0
dtrain	总体样本	0.518	0.32	0.432	0.553	0.571	0.857	0.744
	纯粮作经营	0.508	0.286	0.47	0.488	0.587	0.846	0.718
	去粮化经营	0.551	0.444	0.321	0.692	0.525	0.889	1

4.3 净收入最大化标准下适度经营规模厘定

收入尺度是衡量适度经营规模的又一重要标准。选取亩均净收益指标来测算微观视角的粮食适度规模经营的边界。规模经营主体选择种植规模时不仅关心单季小麦净收益，更重要的是一年内整个规模内农作物的总净收益[①]。为此，本书将不同规模区间单季小麦亩均净收益和全年作物亩均净收入一并测算，如表 4-6 所示［不同种植结构粮户的小麦亩均净收益和农作物亩均净收益在不同规模区间的分布（均值）见附表 4，小麦收益成本比和作物收益成本比均值在不同种植结构间的分布见附表 5］。表4-6 显示，全年作物亩均净收益在去粮化轮作经营中除 200~300 亩和小麦净收益几乎相等外，其他规模区间均大于小麦净收益，而在纯粮作轮作经营中，仅在 20 亩以下家庭经营、400 亩以上大规模和 1000 亩以上超大规模经营中大于小麦净收益，其他规模经营区间均小于小麦净收益，很大的原因可能是近年来受玉米价格的影响，夏季偏好玉米种植的纯粮作经营户夏季作物净收益低于小麦净收益，而去粮化经营夏季净收益高于小麦净收益。

分析表 4-6 数据还发现，两种不同轮作模式下，小麦和作物亩均净收益在规模区间内表现出一致的规律：400 亩以下各区间内均值为正，超过 400 亩之后均值减少为负，且 20 亩以下均值最大。这揭示出家庭经营亩均净收益高于规模经营，家庭经营收入低不能归咎于亩均净收益低、粮食价格低或成本高等原因，可能与粮食经营的规模有关。然而，超出一定规模之后净收益均值为负。小麦亩均净收益和作物亩均净收益的拟合图（见图 4-9~图 4-16）也显示出，两种轮作方式的小麦和作物净收益均值随着土地规模的扩大由正值减少为负值，即从两者均值意义上，小麦和作物净收益与土地规模均表现为负相关关系，去粮化经营的小麦净收益相对纯粮作经营更快地趋于零，而作物净收益均值都在 400 亩左右减少为零，200~

① 全年亩均净收益和下文中的全年亩均政府补贴金额均考虑复种指数。

表 4-6 小麦亩均净收益和农作物亩均净收益在不同规模区间的分布

单位：元/亩

		总体样本	20 亩以下	20~40 亩	40~100 亩	100~400 亩	400 亩以上	100~200 亩	200~300 亩	300~400 亩	400~1000 亩	1000 亩以上
总体样本	小麦	128.17	412.5	237.89	182.66	172.68	-661.4	145.59	226.38	209.49	-1305	-137.9
		1802.6	563.76	459.85	372.07	456.43	4789.4	456.24	566.84	226.07	7131.5	507.49
	农作物	194.96	510.04	225.61	227.23	190.97	-396.3	189.77	177.16	216.22	-757.8	-102
		1139.6	655.74	299	415.29	465.58	2829.6	487.01	517.06	265	4200.4	445
纯粮作	小麦	191.61	408.87	230.77	207.88	158.39	-145.1	137.4	197.11	189.36	-219	-95.83
		568.34	626.61	503.08	392.86	471.59	736.74	475.79	604.32	164.76	995.89	505.4
	农作物	179.03	414.27	208.86	191.11	115.68	-111.4	97.4	131.15	167.62	-154.3	-82.8
		459.02	510.53	309.27	296.21	434.27	563.18	413.85	586.3	248.19	726.05	430.43
去粮化	小麦	190.52	425.64	259	128.36	215.93	-337	169.55	310.96	286	-243.27	-547
		510.31	225.24	303.76	320.8	409.65	1236.1	401.27	462.03	403.09	1487.87	350.75
	农作物	394.42	857.64	275.25	305.04	418.72	-117.62	459.76	310.06	400.91	-41.32	-289.3
		676.65	958.64	265.23	594.1	488.08	838.37	585.35	187.89	269.7	943.79	615.92

注：上行为亩均收益，下行为标准差。

400 亩小麦和作物净收益均高于 100~200 亩。在这一收益规律下，追求收入或利润最大化的理性粮户必然扩大规模至土地净收益降到零或负值为止，从而获得最大的土地净收益。那么，净收益最大化标准下，华北平原两种轮作方式小麦最佳经营规模也落在了 200~400 亩。至此，本研究宏观视角的产出最大化和微观视角的收入最大化目标下，种粮大户的最适规模协同一致。这使粮户为获得最大土地净收益自发扩大农地规模，和土地、劳动、资本、技术等投入要素动态调整优化配置使产出效率最大、技术效率最大过程出现交集成为可能，使粮户专业化经营决策及其专用性资产积累等内生因素与制度、技术、市场等外生因素呈现收敛。

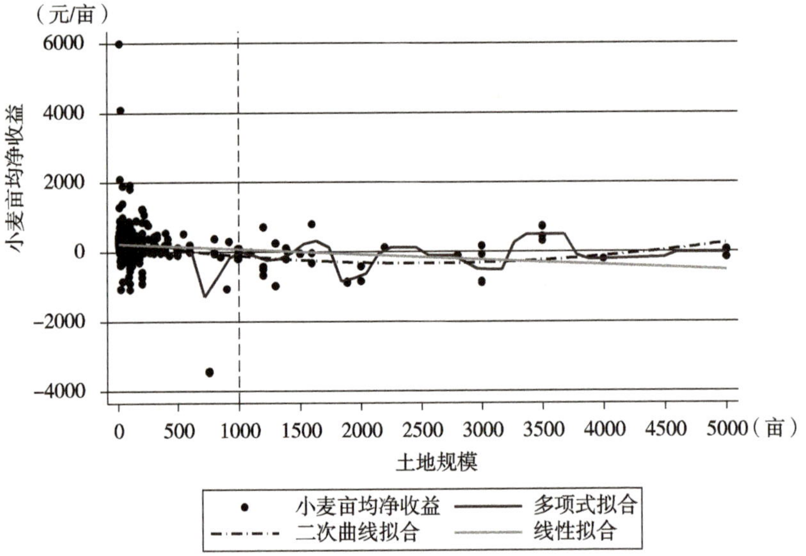

图 4-9　纯粮作经营小麦亩均净收益拟合图

表 4-6 和净收益拟合图均显示出规模越大收益波动性越大的特点。结合上文效率分析，可得出华北平原大规模和超大规模经营不但技术效率、土地净收益低，而且经营风险大的结论，说明规模经营不能盲目追求土地面积的扩大，关键是要把握好合适的“度”。

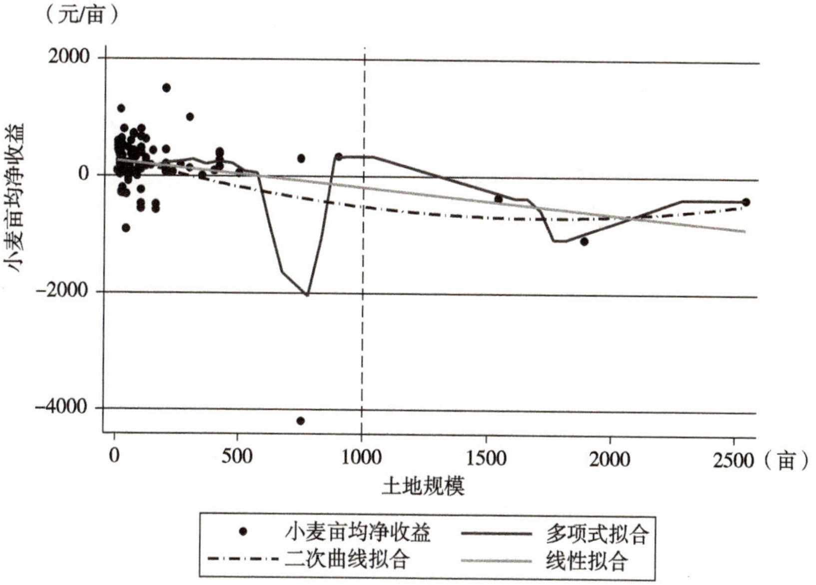

图 4-10 去粮化经营小麦亩均净收益拟合图

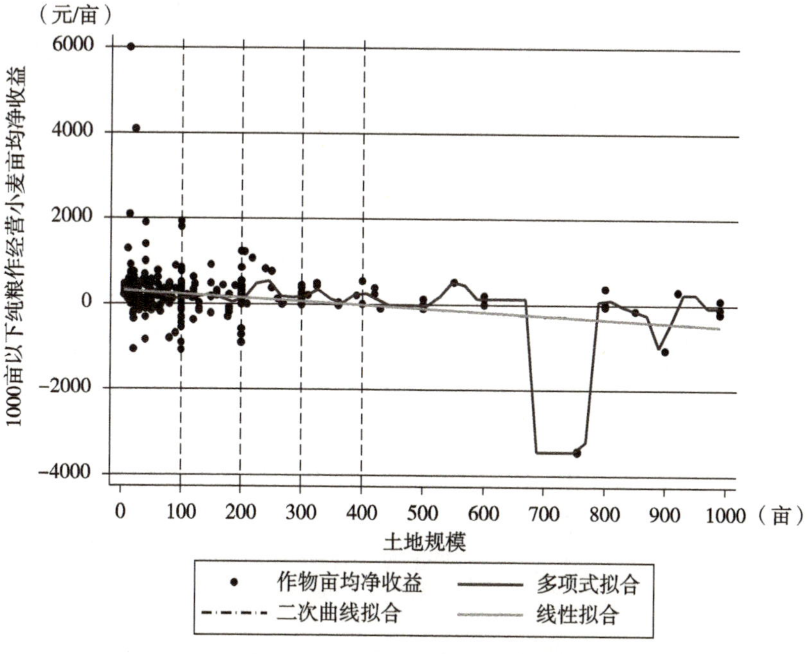

图 4-11 1000 亩以下纯粮作经营小麦亩均净收益拟合图

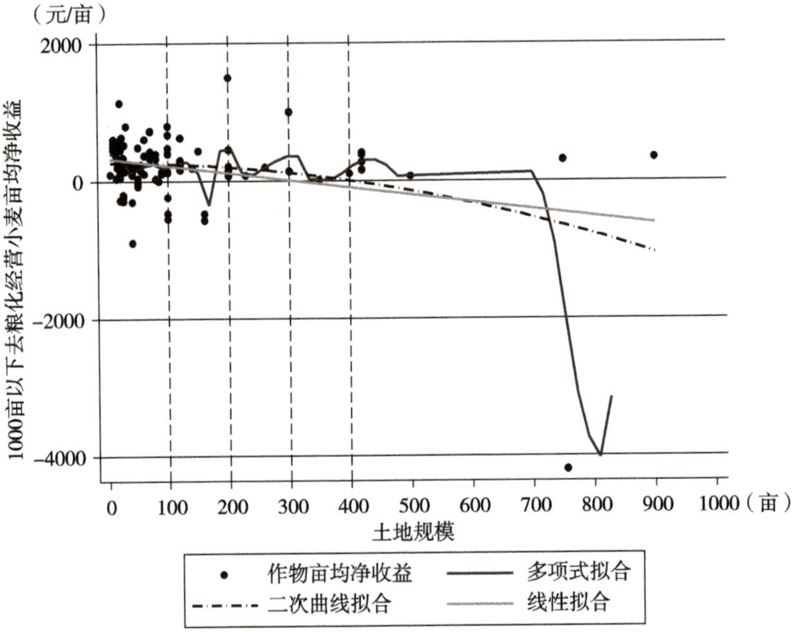

图 4-12　1000 亩以下去粮化经营小麦亩均净收益拟合图

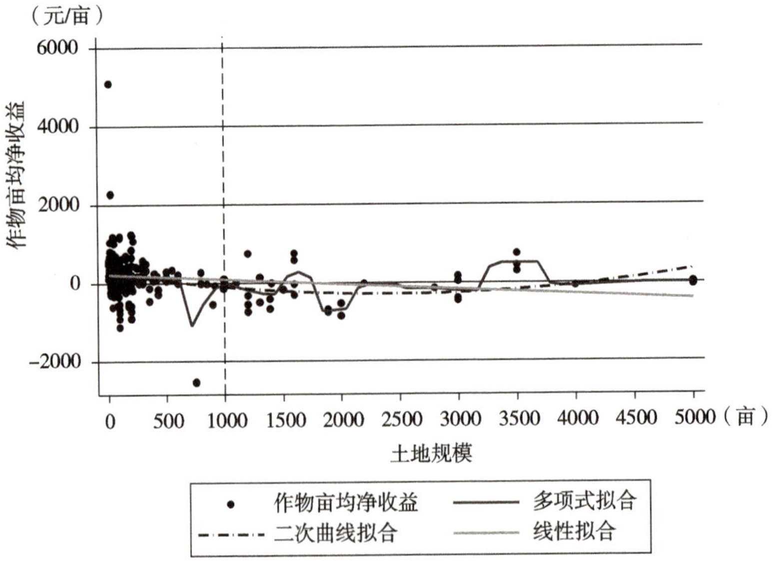

图 4-13　纯粮作经营作物亩均净收益拟合图

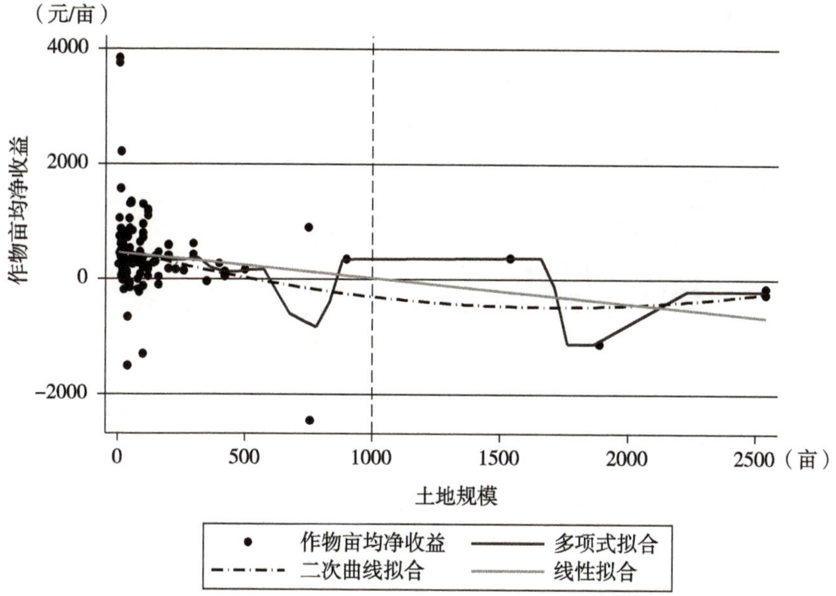

图 4-14 去粮化经营作物亩均净收益拟合图

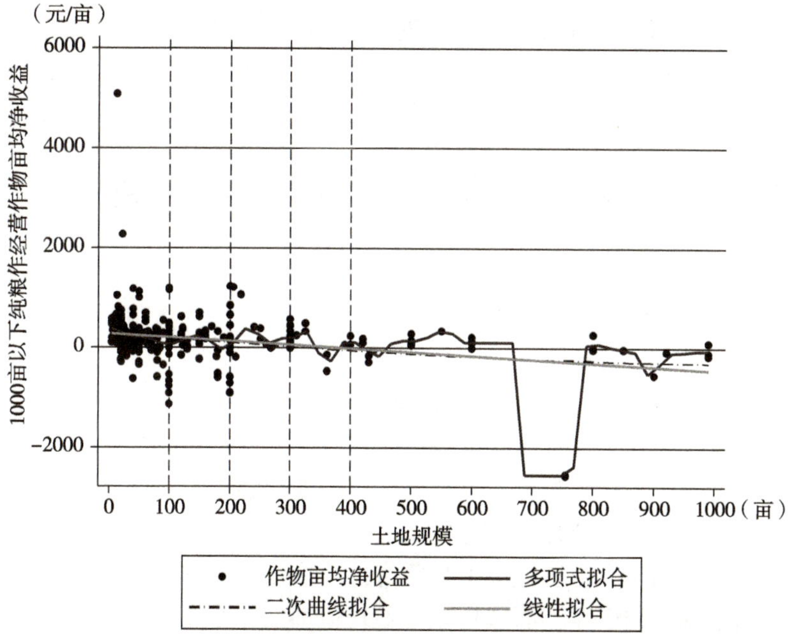

图 4-15 1000 亩以下纯粮作经营作物亩均净收益拟合图

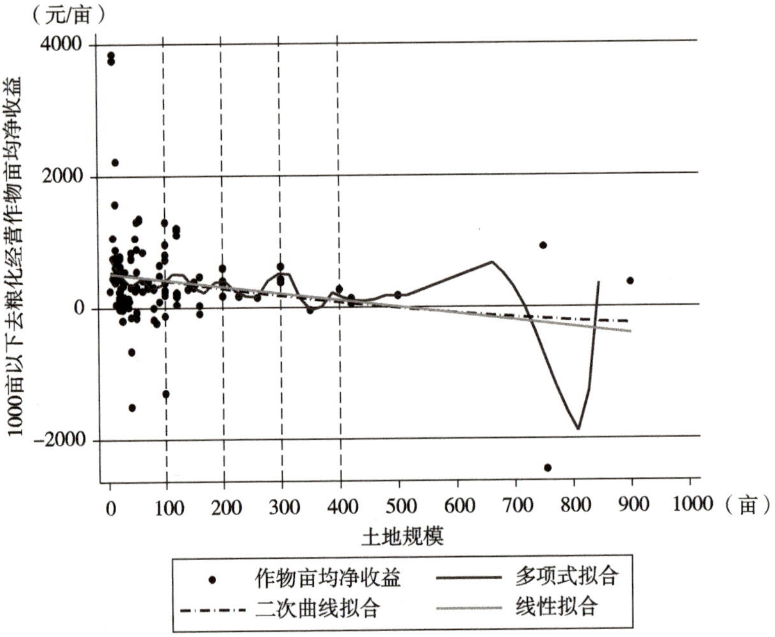

图 4-16　1000 亩以下去粮化经营作物亩均净收益拟合图

4.4　华北平原粮食适度经营规模

通过土地单产、技术效率和土地净收益三标准、宏微观两视角下适度经营规模选择路径分析，得到如下主要结论：

第一，除 1000 亩以上去粮化经营户小麦单产水平较低之外，华北平原小麦单产比较稳定，200~400 亩单产略显优势；两种轮作方式下，技术效率均值在土地经营面积超过一定规模之后呈现明显下降趋势，200~400 亩技术效率相对较高；两种不同轮作模式下，小麦和作物亩均净收益均值都随着土地规模的扩大由正值减少为负值，去粮化经营的小麦净收益相对纯粮作经营更快地趋于零，而作物净收益均值都在 400 亩左右减少为零，且 200~400 亩小麦和作物净收益均高于 100~200 亩。

第二，综合单产、技术效率和净收益结论，华北平原两种轮作方式下小麦“适度”经营规模为200~400亩。“适度”规模内能实现稳粮增收双重目标的有机结合，这一结论也得到黄新建等（2013）等的经验验证。同时也从经验上验证了农业适度规模经营是解决中国种田效益低下、保障国家粮食安全的切入点。

第三，单产、技术效率和净收益基本表现为规模越大波动性越大的规律，说明规模越大产出效率风险越大，特别是400亩以上大规模和1000亩以上超大规模经营不仅损失产出效率，而且土地净收益减少为负值。

这些研究结论对于科学认识农业效率与土地规模的关系，把握华北平原适度规模经营阈值具有重要的政策含义。首先，土地净收益变化规律揭示了家庭户低收入的原因，印证了规模经营逻辑起点的现实性和规模经营的必要性。其次，一定土地面积范围内，单产和技术效率与土地规模的几乎稳定或非负相关关系，使粮户自发扩大农地规模和农业投入要素优化配置过程出现交集，进而使国家粮食安全与微观粮户增收目标实现有机结合。最后，在实践中有助于国际化背景下制定科学合理的适度规模经营标准。以200~400亩规模作为华北平原小麦适度经营规模标准，避免出现一味求大的规模选择盲目性，建立规模经营主体检测机制。对规模经营主体的扩张与收缩情况进行监管与指导，引导规模经营主体合理调控土地规模、配置投入要素，防范国际价格风险。

4.5 本章小结

本章在土地规模区间划分的基础上，以单产、技术效率和土地净收益为标准，分别推演产出和收益最大化视角下华北平原纯粮作经营和去粮化经营两种轮作方式下粮食适度经营规模范围。研究发现：第一，两种轮作方式下，华北平原小麦单产总体比较稳定，基本在500公斤/亩左右，当土地面积超过一定规模之后技术效率呈明显下降趋势，而小麦和作物净收益均值随着土地规模的扩大由正值减少为负值。单产和技术效率在200~400亩均显示相对优势，作物净收益在400亩之后降为负值。第二，在稳粮增收目标下，华北平原两种轮作方式“适度”经营规模最终趋同于200~400亩。“适度”规模是农户为实现最大收益自发扩大农地规模与投入要素动态调整使产出效率优化过程的交集，“适度”规模内能达到稳粮增收的双赢目标。第三，单产、技术效率和土地净收益三标准在两种轮作方式下均表现出规模越大波动性越大的规律，400 亩以上大规模和 1000 亩以上超大规模经营不仅损失产出效率，而且土地净收益减少为负值，因此，在华北平原建立“适度”规模检测机制，避免土地规模选择盲目性有一定的现实意义。

5

华北平原粮户意愿规模机理研究

农户最大化收入视角下，按照边际收益递减理论，土地规模存在农户收益最大化的“拐点”或实现正收益的“适度”规模区间（李文明等，2015；王嫚嫚等，2017）。在粮食种植户是理性经济人的假设条件下，粮户土地意愿规模选择应该契合这一倒“U”型轨迹。即从现象上表现为小规模粮户愿意扩大、大规模超大规模粮户希望缩小，并最终均衡于适度规模范围内；实质上体现为粮食种植户寻找最大收益的“拐点”或“适度”规模区间的主观诉求。

本书前文第4章已推演出华北平原粮食规模经营的“适度”范围，且适度规模研究基本上也都认同土地规模超过一定的“度”之后，将面临产出和收益的双重损失（王小叶，2018a）。但现实情况未必迎合理论的推演结论。对于不同的样本，存在不愿进行规模经营（钱文荣和张忠明，2007）和规模经营主体逐年扩大土地规模（黄延廷，2011；江激宇等，2016）的“一边倒”证据。对于相同的样本，未曾发现扩大和缩小规模同时交织，抑或有超大规模农户愿意缩小规模的结论。因此，粮食规模经营初期，科学认识粮食种植户土地意愿规模选择机理，甄别意愿规模背后的诱因，透视粮户规模经营心理，对合理调控粮食规模经营主体行为、保障国家粮食安全、稳定粮户收入、构建规模经营主体扶持政策等具有重要的价值。

为此，本章以问卷调查中“现有条件下，你们认为种多少耕地比较合适？”来调查华北平原粮食种植户以家庭收益最大化为目标的最心仪土地规模，即意愿规模。首先通过各规模区间农户意愿规模与现有种植面积在不同收益下的比较初步揭示农户土地意愿规模规律，然后进一步用逐步回归技术筛选粮户意愿规模的驱动因素，推演粮户意愿规模与适度规模经营理论的契合性，透视粮户利益诉求的内在规律及土地规模选择的根源性，从而提出针对性的政策建议。

5.1 粮户意愿规模影响因素选择

学界在选取意愿规模影响因素时，逐利动机往往被作为第一重要影响因素。不失一般性地，本书也选择亩均净收益来综合反映粮食价格、生产成本以及市场流通环境等对华北平原粮食种植户收入的影响。这里包括上文第 4 章和下文的亩均净收益变量均指全年作物净收益，即考虑复种指数。

在逐利动机下，粮户的意愿规模应该表现为：正的净收益下意愿规模大，大到土地净收益为零或负值为止；无净收益或净收益为负时意愿规模小，或至少不会一味求大。但比较意愿规模与现有种植面积在不同收益下的大小（见表 5-1）发现，全年作物净收益为正和负（或无）收益下，华北平原粮食种植户都表现为土地扩张意愿，纯粮作经营粮户在无（或负）收益下扩张意愿弱于正收益，而去粮化经营户的扩张意愿未表现出与收益的相关性。因此，本章下文模型中加入亩均净收益变量以考察现阶段华北平原粮食种植户土地规模意愿是否依赖规模经营的经济效益路径，加入净收益与轮作方式虚拟变量的交互项来甄别不同轮作方式粮户在相同收益下土地规模意愿有无差异性。

表 5-1 意愿规模与现有种植面积在不同收益下的比较

单位：户

		总样本	20 亩以下	20~40 亩	40~100 亩	100~200 亩	200~300 亩	300~400 亩	400~1000 亩	1000 亩以上
正收益	大于	338	109	65	67	46	13	12	13	13
	等于	40	2	9	11	9	3	4	0	2
	小于	76	6	15	13	19	7	3	11	2
无（或负）收益	大于	73	1	14	26	9	2	3	8	10
	等于	22	0	2	1	8	7	0	0	4
	小于	20	0	1	1	4	0	0	3	11
纯粮作正收益	大于	238	89	44	41	30	6	9	6	13
	等于	38	2	8	11	9	2	4	0	2
	小于	68	3	15	13	16	7	3	10	1
纯粮作无（负）收益	大于	52	1	11	13	6	2	2	7	10
	等于	22	0	2	1	8	7	0	0	4
	小于	17	0	1	1	4	0	0	3	8
去粮化正收益	大于	100	20	21	26	16	7	3	7	0
	等于	2	0	1	0	0	1	0	0	0
	小于	8	3	0	0	3	0	0	1	1
去粮化无（负）收益	大于	21	0	3	13	3	0	1	1	0
	等于	0	0	0	0	0	0	0	0	0
	小于	3	0	0	0	0	0	0	0	3

注：表格数据为比较结果户数。

由于农民对自身职业缺乏认同感，因此，绝大多数农户负责人对“是否希望子女将来继承你们的事业”持否定态度，但有 66 户（占回答此问题农户的 11.4%）持积极的肯定态度，而且此类农户的现有种植规模和意愿规模均较大。“是否希望子女继承”两类农户其现有规模和意愿规模的统计描述比较见表 5-2。对于希望子女继承的农户，其现有种植面积约 75.8%的比例在 100 亩以上（超过 3/4），30.3 的比例在 1000 亩以上（接近 1/3），均值约 842 亩；其意愿规模 82%以上在 100 亩以上，42%以上比例在 1000 亩以上，均值为 5035 亩，远远超过现有种植面积。对于不希望子女继承的农户，虽表现为规模扩张意愿，但其现有面积和意愿规模相对较小。总之，“是否希望子女继承”两类家庭在土地规模选择倾向上表现出明显的差异性，因此，在计量模型中加入此虚拟变量以捕捉两类农户意愿规模影响因素的差异性。

表 5-2 “是否希望子女继承”两类农户其现有种植面积和意愿规模的统计描述比较

是否希望子女继承		百亩以上占比（%）	千亩以上占比（%）	均值（亩）	最小值（亩）	最大值（亩）	标准差
希望	现有面积	75.76	30.3	841.89	20	4000	1141.8
	意愿规模	82.54	42.86	5035.1	0	200000	25130
不希望	现有面积	35.41	3.89	180.45	4	5000	482.06
	意愿规模	47.07	8.08	262.68	0	10000	696.26

除上述影响因素外，农户负责人年龄、受教育程度和家庭规模等家庭特征变量，现有设备、技术、生产资料投入状况，以及是否参与农业保险等是农户设想“最适”规模所依赖的人力、资本和技术资源；现有资金缺口是农户规模扩张的限制条件；加入“是否纯粮作经营”和“是否兼业经营”两类别变量，以反映去粮化经营与纯粮作经营农户农地规模诉求的差异性；为反映农户是否偏向于寻求政府补贴的心理诉求，选取全年农作物亩均补贴变量。当然，多重共线性是社会经济变量之间普遍存在的现象，比如现有种植规模和家庭特征变量、现有设备、技术、生产资料投入变量之间就存在着一定的联系。为此，模型估计过程中进行了多重共线性检验。所有初选解释变量及其统计描述如表 5-3 所示。

表 5-3 初选解释变量及其统计描述

初选解释变量		赋值原则	最小值	最大值	均值	标准差
个体特征	年龄	取整数	25	72	47.91	8.922
	性别	男性为1，女性为0	0	1	0.924	0.265
	受教育程度	小学以下为1，小学为2，初中为3，高中或中专为4，大学及以上为5	0	5	3.14	0.908
	参加培训	参加过培训为1，否则为0	0	1	0.513	0.500
	村干部	担任过村干部为1，否则为0	0	1	0.181	0.385
	劳动力	家庭劳动力数量	1	5	2.32	0.585
	子女继承	希望子女继承自己的事业为1，否则为0	0	1	0.113	0.317
主体类型	是否纯粮作经营	是为1，否为0	0	1	0.76	0.424
	是否兼业经营	在种植、养殖、水产、林业、农机、植保和其他行业7种经营行业中同时经营任意两种行业以上为兼业，取值为1，否则为0	0	1	0.213	0.41
目前农业经营资源	现有面积	目前小麦种植面积（单位：亩）的自然对数	1.098	8.517	4.21	1.523
	资金缺口	单位为元	0	10000000	82602	795917
	农业保险	目前参与农业保险为1，否则为0	0	1	0.325	0.469
	采用农业技术设备种类数	包括耕种机械、播种机械、收割机械、加工机械、冷藏运输、干燥烘干、节水灌溉、植保机械和其他9种设备类型	0	7	1	1.569
	采用生产技术种类数	包括耕种类、平衡施肥、病虫害预报与防治、农药肥料减施、植物保护、节水灌溉和其他7种技术类型	0	6	0.861	1.391
	采用生产资料种类数	包括高产品质、优质品质、化学农药、生物农药、有机肥、复合肥、控释肥、农业薄膜和其他9种类型	0	7	0.99	1.573

续表

初选解释变量		赋值原则	最小值	最大值	均值	标准差
收入	净收益	全年作物亩均净收益（元/亩，考虑复种指数）	-2548	5086.67	231.5	537.83
	政府补贴	全年作物亩均补贴（元/亩，考虑复种指数）	0	260000	4034	22719.2
净收益与轮作方式交互项			-2548	5086.67	137.9	412.13
净收益与兼业经营方式交互项			-2547.9	1349.6	33.16	283
被解释变量：农户意愿规模的自然对数			0.405	12.207	4.805	1.536

5.2 华北平原粮户意愿规模机理研究

5.2.1 农户意愿规模机理模型估计与筛选论证

建立多元回归模型定量分解各影响因素对华北平原粮户意愿规模的影响作用：

$$y=\beta_0+\beta X+\mu \tag{5-1}$$

其中，y 为粮户意愿规模的自然对数，X 为上述初选解释变量矩阵，β 为待估系数矩阵。

模型估计过程采用向后逐步回归技术筛选解释变量，为清晰显示净收益对华北平原粮食种植户规模扩张的驱动作用，把筛选过程中含有净收益变量的最优模型（净收益参考模型）和本章最终模型的估计结果一并列出（见表 5-4）。净收益参考模型的调整拟合优度$\overline{R^2}$为 0.736，说明解释变量的变动解释了意愿规模变动的 73.6，拟合程度较高。多重共线性检验结果显示，解释变量的方差膨胀因子 VIF 最大为 2.55，平均值为 1.48，说明模型不存在严重的多重共线性。方程整体显著性和异方差检验的相伴概率均为 0，表示模型中所有解释变量联合显著，且误差项不存在异方差。

表 5-4 模型估计和检验结果

	净收益参考模型			最终模型		
解释变量及变量名	系数	标准误	VIF	系数	标准误	VIF
负责人年龄（age）	-0.0084	0.004**	1.10	-0.0084	0.004**	1.10
是否希望子女继承（hopchild）	0.529	0.123***	1.39	0.5102	0.123***	1.38
是否纯粮作经营（dgrain）	-0.437	0.082***	1.07	-0.4456	0.080***	1.03
是否兼业经营（dprcom）	0.3583	0.097***	1.34	0.3763	0.097***	1.32
现有规模的对数（lreaarea）	0.7817	0.026***	1.38	0.7793	0.025***	1.23

续表

	净收益参考模型			最终模型		
生产技术种类数（ktec）	−0.1315	0.039 ***	2.55	−0.1428	0.039 ***	2.46
生产资料种类数（kmeapro）	0.0724	0.033 **	2.54	0.0811	0.033 **	2.48
亩均政府补贴（govsub）	0.00064	0.00035 *	1.11	0.00079	0.00034 **	
亩均净收益（netyie）	0.00009	0.000066	1.15			
是否参与农业保险（dinsure）	0.1179	0.079	1.20			
常数项	2.0771	0.237 ***		2.1477	0.231 ***	
拟合程度，F检验、共线性和异方差检验结果	$\overline{R^2}$=0.736；P(F检验)=0 $\overline{VIF}$=1.48；P(异方差检验)=0			$\overline{R^2}$=0.735；P（F值）=0 $\overline{VIF}$=1.51；P（异方差检验）=0		

注：①VIF表示方差膨胀因子；$\overline{VIF}$表示平均方差膨胀因子；$\overline{R^2}$表示调整可决系数；P为相伴概率。②*、**、***分别表示10%、5%和1%的显著性水平。

从净收益参考模型估计结果来看，政府补贴变量通过10%的显著性检验，亩均补贴上升100元，粮户意愿规模扩大6.4个百分点。亩均净收益系数为正，说明净收益对粮户土地规模扩张有正向驱动作用，即亩均净收益每增加100元，粮户土地意愿规模会提高0.9%。但它未通过10%的显著性检验，因此从统计计量意义上讲，全年作物亩均净收益对粮户意愿规模大小解释乏力，也就是说，华北平原粮食种植户选择心仪的土地规模时不倚重于土地净收益。这一结论偏离了规模经营的初衷，也似乎有悖于粮户“理性经济人”的假设，而本书认为它恰恰反映了受当前基层干部大规模农地经营激励，或同行、家人主观规范等因素影响（尚旭东和朱守银，2015；江激宇等，2016），无论收益与否一味求“大”的心理掩盖了粮户追求规模经济效益这一根本动机；抑或揭示出当单位土地净收益遭遇农业成本价格“天花板”和粮食价格“地板”双重啃噬时，粮户致力于更大的规模经营或政府补贴实现总收益最大化的心理诉求。

去掉净收益变量后的最终模型，通过多重共线性和异方差检验，解释变量单独或整体均通过至少5%的显著性水平检验。但亩均政府补贴变量未通过显著性检验，主要原因是本书样本粮户中20亩以下、40亩以下和100亩以下粮户的占比分别为20.7%、39.4%和60.3%，小规模粮户农业补贴的零星分散导致了整体样本中农业补贴的不显著。因此，从统计计量角度上讲，适合华北平原粮食种植户意愿规模影响因素模型为：

$$
\begin{aligned}
lwillarea = & \underset{(0.231)}{2.1477} - \underset{(0.004)}{0.0084}age + \underset{(0.123)}{0.5102}hopechild - \underset{(0.080)}{0.4456}dgrain + \underset{(0.097)}{0.3763}dprcom \\
& + \underset{(0.025)}{0.7793}lwillarea - \underset{(0.039)}{0.1428}ktec + \underset{(0.033)}{0.0811}kmeanpro + \hat{e}
\end{aligned}
$$

式中，lwillarea 为现有种植面积的自然对数；括号内为标准误。

5.2.2 粮户意愿规模机理分析

家庭特征变量中，受教育程度、是否接受过培训代表人力资本的一部分，通常被认为有助于农户采取农业变革行为（Fernandez Cornejo et al.，1994；Breustedt et al.，2008），但本章模型结果并未显示出其对意愿规模的影响作用；对于家庭劳动力数量，国内存在其对农户扩大规模强度正向（钱文荣和张忠明，2007）和负向（江激宇等，2016）作用的经验证据，而本章得出没有作用的结论。主要原因是粮户家庭劳动力数量一般集中在2~4人，对于超过家庭劳动能力的规模经营，农忙时节主要靠“雇工”完成作业，所以家庭劳动力数量与意愿规模并不显示正或负的关系。家庭规模负责人的年龄对规模扩张的影响与人们通常的认知吻合，越年轻的粮户负责人扩大规模的强度越大。年轻人体力精力旺盛，容易接受新鲜事物，因此年龄越小的农户，越倾向于采取农业变革行动（Rogers，1995）。粮户负责人是否希望子女继承农业经营的态度对意愿规模具有较大的影响作用。相同条件下，希望子女继承相对不希望子女继承的粮户其意愿规模会增加51%。在家庭经营制度基础上发展起来的规模经营靠土地流转方式扩大经营规模，特别是投入不可分割性设备设施的大规模或超大规模经营需要流转期限会较长，一般为10年或15年，甚至更多。粮户做出时间跨度长、资金投入多的重大决策时势必会考虑下一代子女参与管理或是否继承问题。Beers 等（1996）也发现要继承农业经营的子女会参与到农业经营的重大决策中。

是否兼业和纯粮作经营粮户的意愿规模扩张强度表现出显著的差异

性。兼业经营粮户、去粮化经营粮户更希望扩大土地规模。相同条件下，兼业经营粮户比纯种植业粮户的意愿规模多37.6%，去粮化经营粮户比纯粮化经营多44.6%，说明华北平原仅从事种植业粮户规模扩张的驱动力较弱，而纯粮作经营粮户的激励因素更显微弱。在国内外农产品供需环境下，国家下调了玉米最低收购价，对于以“冬小麦+夏玉米”为典型轮作方式的华北平原粮食种植户来说，调整种植结构似乎是破解收益下降的良药，但改种其他农作物要受到气候、土壤等自然因素的制约，所以对华北平原种植户而言，去粮去农化经营比纯粮作经营选择余地大、灵活。

目前农业经营资源变量中，现有种植面积、已采用生产技术种类数和生产资料种类数均显示了对粮食种植户意愿规模的影响作用。其中，粮户意愿规模对现有种植面积的弹性约为0.78，即现有种植面积增加1%，粮户意愿规模将增加0.78%。粮户现有种植面积一定程度上代表着粮户目前拥有的设备、技术、经营管理经验等可观测的和不可观测的现有资源。因此，粮户意愿规模对现有种植面积的弹性，一方面意味着现有资源对粮食种植户规模扩张意愿的相对优势；另一方面，对于200亩或400亩以下粮户，可以说是寻求最大收益的正常心理，对于400亩以上大规模或1000亩以上超大规模粮户来说，可理解为忽视适度规模经营的“拐点”，存在“以大为美”的心理倾向。或者，即使在不确定适度规模经营“拐点”情况下，意愿规模与现有种植面积的正向关系也说明大于适度规模经营的粮户无视“拐点”的存在，意欲扩大土地规模的心理期盼。已采用的生产资料多出1种，粮户意愿规模就会增加约8个百分点。这是现有资源对粮户意愿规模扩张的正向激励作用。但已采用农业生产技术种类数对粮户意愿规模扩张起反向作用。现有技术种类数多出1种，粮户意愿规模会减少约14.3个百分点。粮户土地意愿规模对农业生产技术区别于生产资料的负向方向和更为敏感的反应程度，表现粮户对生产技术的认知和态度。结合前文内容，样本粮户平均受教育程度为初中、一半以上粮户接受过培训（见表5-3），两变量无益于粮户意愿规模扩张，说明从整体上看，当前华北平原粮食种植户文化程度处于较低层次，主要通过模仿或“干中学”方式学习技术、积累经验的传统习惯使粮户对现代农业生产技术持有排斥或恐惧心理。因此，提高技术培训实效，提升农民技术水平，推动农村人力资源开发，对促进农业现代化发展具有重要意义。

5.3 华北平原粮户意愿规模机理研究结论

本章通过多元线性回归方法研究华北平原粮食种植户意愿规模机理，主要结论为：

第一，年轻的农业经营负责人和希望子女继承事业的粮户，有着更强烈的土地规模扩张内生驱动。区别于传统土地家庭承包经营的规模经营，需要更多更完善的基础设施、更多的资金设备投入、更高的经营管理和技术能力等，年轻负责人显然比较有胜任能力。子女能继续经营的粮户更有动力对基础设施、大型设备和见效慢的长远技术等进行投入。而这些投入对意愿规模扩张具有正向驱动作用。因此，相同条件下，希望子女继承相对不希望子女继承的粮户其意愿规模会增加一半之多。

第二，现有种植面积和已采用的生产资料对粮户的规模扩张具有激励作用，且规模扩张强度对现有种植面积反应较为敏感，弹性为 0.78，说明现有经营管理经验、生产资料等可观测和不可观测资源是粮户愿意扩大规模的主要诱因，同时也表明当前华北平原大规模超大规模小麦种植户一味“求大”的规模扩张心理。因此，为避免“超大”规模经营，管理监控现有规模经营主体的规模扩张行为具有实质性意义。但受限于自身文化教育水平和技术培训的无效，粮户表现出对生产技术的消极态度，每多出 1 种技术类型，其意愿规模会减少 14.3 个百分点。

第三，去粮化经营粮户在土地规模扩张上表现出更强的意愿和强度。相同条件下，去粮化经营粮户的意愿规模比纯粮作粮户多 44.6%。在国内外玉米价格低迷时期，受制于自然因素，纯粮作经营粮户夏季轮作品种选择不及去粮化经营灵活，因此夏季纯粮作经营粮户意愿规模的正向激励因素相对乏力。基于相同的原因，兼业经营粮户相对纯种植业粮户同样表现出较强的规模扩张意愿。相同条件下，兼业经营粮户比纯种植业粮户的意愿规模多 37.6%。

总体上讲，华北平原粮食种植户意愿规模选择偏离规模经营理论中追寻最大收益点的“拐点”理论，表现为现有种植面积越大意愿规模越大的规模扩张意愿。且规模扩张强度不受人力资本、资金缺口和农业保险等因素的羁绊，土地规模选择存在“求大”心理。全年作物亩均净收益对解释粮户意愿规模乏力的实证结论，反映了粮户受当地政府激励，或同行、家人主观规范等因素影响，无视规模经济效益，忽视国际化因素影响，一味求大的规模扩张愿望；同时也揭示出当单位土地利益空间拓展面临国内成本高企和国际粮价下行的双重挑战时，粮户企图通过“广种薄收”以实现总收益最大化的心理转变过程。

首先，政策舆论上，把加快土地流转速度、突出“大”规模经营的政策引导和舆论宣传导向，调整到“适度”规模经营的政策扶持和舆论宣传重点上来，同时政府扶持政策实施中倾向于“适度”规模经营主体。通过宣传和政策实施偏向于“适度”规模经营的一致性，引导粮户规模选择意识趋于理性。其次，农业培训教育上，继续强化农业科学技术培训，提升粮户科技水平，同时从自然风险、国内外市场风险和管理经营风险等方面提高粮户风险防控的意识和能力，从而使农业培训真正发挥实效。再次，建立规模经营主体检测和退出机制。一方面，对规模经营主体的扩张与收缩情况进行监管与指导，引导规模经营主体合理调控土地规模、配置投入要素；另一方面，对于经营不善的规模经营主体，无论土地流转期限长短，及时通过再转让等程序强行退出，打破粮户流转期限内，可自由继承、支配土地经营权的思想。最后，发挥政府高屋建瓴的作用，在保障一定的粮食供给基础上，引领农民增收。根据各地气温、地形、土壤质量等情况规划种植品种，引导粮户优化种植结构；继续激发农业产业集聚区的带动作用，提升农产品价值，特别是让粮食生产融入农耕文化、农旅体验，让粮食产品走入特色农业行列，稳固纯粮作经营农户收益。

5.4 本章小结

本章以问卷调查中“现有条件下，你们认为种多少耕地比较合适?”来调查粮户在主客观情景下，以家庭收益最大化为目标的最心仪土地规模，即意愿规模。首先，通过各规模区间农户意愿规模与现有种植面积在不同收入下的比较，初步揭示华北平原粮食种植户土地意愿规模规律。然后，用逐步回归技术筛选粮户意愿规模的驱动因素，所得实证结论为：单位土地净收益无力解释意愿规模大小，华北平原粮食种植户意愿规模选择偏离规模经营理论中寻找规模经济效益的“拐点”理论，表现为现有种植面积越大意愿规模越大的规模扩张意愿。且规模扩张强度不受家庭人力资本、资金缺口和农业保险等的羁绊，规模选择存在“贪大”心理。年轻的农业经营负责人和已采用的生产资料对粮户的意愿规模具有正向激励作用；希望子女继承事业的粮户有着更强的规模扩张内生驱动力；现有种植面积是粮户规模扩张强度的主要诱因；去粮去农经营户相对纯粮作经营户有较强的规模扩张意愿。因此，以“适度”规模经营作为舆论宣传和政策扶持的重点，建立规模经营主体监管和退出机制，引导粮户规模选择意识趋于理性有一定的现实意义。

6

华北平原粮户土地规模决策行为机理研究

在得出华北平原粮食种植户土地规模意愿规律的基础上，本章进一步单独探讨其土地规模决策行为机理。将粮户今后几年的土地经营规模决策设置为“扩大面积”“减少面积”“保持不变”和“不种”四个选项，从社会经济学角度，运用多项 Ordered Logit 模型实现参数估计，利用回归后估计（Post-estimation）方法得出边际贡献和预测概率进而探究粮户土地规模决策行为机理，以期真正了解粮户、有序推动小麦适度规模经营，为制定中国小麦产业政策提供参考。

6.1 华北平原粮户土地规模决策行为机理分析与研究假说

“理性经济人”是新古典经济学关于人类经济行为的一个基本假定。它假定做出经济决策的个体是理性的，追求利益最大化目标，是完全信息的，而且作出经济决策时是独立的，不受其他个体的影响。新古典经济学这种没有心理偏差和没有社会关系的严格假定造成它在分析人类现实行为方面的局限性（Keizer，2005）。实际上，粮食种植户的决策行为是经济因素和社会因素共同作用的结果。因此，单独从经济角度、用纯粹经济模型难以捕捉粮户土地规模决策动机的复杂性（Austin，Willock and Deary et al.，1998）。为全面透视华北平原粮食种植户的土地规模决策行为规律，本章从社会经济学角度详尽刻画了粮户自身因素和外部因素。

6.1.1 粮户的态度和目标

由信仰、价值观所决定的农户态度和目标，被学界认为是影响农户决策行为的重要因素（Van Tassell and Keller，1991；McGregor et al.，1996；Willock et al.，1999）。就农户目标来说，利益最大化是学界普遍认可并经常使用的假定条件（Bingswanger，1980；Collins，1985；Edwards-Jones，2006；刘莹和黄季焜，2010），大量研究也验证了提高收益是诸多扩大规模行为动机中的首要诱因（Hadley et al.，2002）。但利益最大化很可能不是农户的核心或唯一目标（Vanclay，1992）；又或者说，农户目标不仅仅局限于最大化当前或短期利益，还可以包括把农地作为资产经营管理以便继承给下一代。Darnhofer（2006）验证了继承目标在农户农业决策管理中起着重要的内在驱动作用。Moll（1989）在验证南非“小麦+玉米”农业区农场规模增加是否理性时，发现农户把子女是否依靠农场为生问题作为农户的长期目标。Potter 和 Lobley（1992）发现子女继承问题在农户参加农业环境计划项目中有重要的影响作用。他们给出的解释是没有子女继承的农户不用为了下一代而最大化其经济利益，所以倾向于参加环境保护项目，并且他们呼吁更多学者对这一变量做出经验上的证实。Potter 和 Lobley（1996）调查英国 504 个农场的土地使用情况时发现这些农场经历了两种截然不同的历程：一些农场经历了很长时间或很大努力去改良土壤，而另一些农场从未进行过土壤改良。而这一异常过程只能用农场继承状态来解释。他们还发现有明确继承人的农场都经历了长期的土地规模扩张和农业发展过程。此后，子女继承因素影响农户农业决策的结论不断被证实（Wilson，1997）。

风险态度是农业决策中的重要因素（Willock et al.，1999），它体现在农户对农作物多样化种植（Serra et al.，2009）、是否参与农业保险（Mahul，2003；Coble，2004）和具体农业变革事件（Abadi Ghadim et al.，2005；Kallas，Serra and Gil，2010）等的看法中（Bocquého，Jacquet and Reynaud，2013）。大多数农户决策研究假定（Karlan et al.，2014）和证实了（Fearne，1989；Guerin and Guerin，1994）农户是风险规避的。这里的风险规避不仅包括对市场风险、自然灾害等的厌恶，也包括债务厌恶（Driver and Onwana，1986；Pile，1991）。需要说明的是，风险描述性分析的研究中把农业继承、非农就业的态度作为风险规避的重要方面（Salamon and Davis-Brown，1986；Fairweather and Keating，1994；Murdock et al.，1986；Brooks et al.，1986），本书以是否参与农业保险、目前资金缺口和通过金融机构获得贷款的难易程度代表华北平原粮户的风险态度，把农业继承作为华北平原粮户的长期目标。

6.1.2 粮户个体特征和家庭特征

农户的个人特征决定农户对农业变革采取的态度。一般认为，农户负责人年龄越小，越倾向于采取农业变革行动（Rogers，1995）；受教育程度被认为是人力资本的一部分，有助于农户参与农业的变革（Solano et al.，2003；Chianu and Tsujii，2004；Breustedt et al.，2008）；农户家庭特征中农业收入与农户决策行为密切相关（Bragg and Dalton，2004），非农工作会影响农户对待农业变革的态度（Stirm and St-Pierre，2003；Goetz and Debertin，2001；Giannoccaro and Berbel，2012）；农业经营主体负责人性别和家庭规模等特征变量也会影响土地规模的扩张（Weiss，1999）。

6.1.3 粮户目前农业经营特征

学者们不断证实土地面积等农户目前农业经营特征对农户决策过程具有非常大的影响作用（Featherstone and Goodwin，1993；Cutforth et al.，2001；Villamil et al.，2008；Keelen et al.，2010）。例如，Bhandari 和 Pandey（2006）利用尼泊尔 324 个农户微观数据发现农户拥有灌溉权的决策概率会随着现有农场面积的增加而提高；Ryan 等（2018）发现，在爱尔兰，现有面积越小的农户因持有强烈消极文化偏见，参与植树造林决策的概率越小；Zheng 等（2012）利用中国 22 个省 341 个农户数据发现，现有耕种面积对农户是否采用新种子决策起着重要影响作用；Davey 和 Furtan（2008）发现农场面积对加拿大农户是否采用保护性耕作技术起着重要作用。

6.2 变量选择

根据上述粮户决策行为理论机理分析和粮户决策因素归类，并参考学界同类研究，本书单独对粮户土地规模决策行为实证模型的因变量和初步选择的自变量进行分析，其含义、赋值、描述性统计结果如表 6-1 所示。

表 6-1 因变量和初选自变量及其统计描述

变量		赋值原则	最小值	最大值	均值	标准差
土地规模决策		不种为1，减少面积为2，保持不变为3，扩大面积为4	1	4	3.2	0.897
目标和态度	净收益	全年作物亩均净收益（元/亩，考虑复种指数）	-2547.9	5086.7	232.9	535.44
	政府补贴	全年作物亩均补贴（元/亩，考虑复种指数）	0	857.1	25.89	97.37
	子女继承	希望子女继承农业经营为1，否则为0	0	1	0.112	0.316
	农业保险	目前已参与农业保险为1，否则为0	0	1	0.333	0.472
	资金缺口	单位为元	0	10000000	81229	788348
	贷款难度	容易为2，较容易为1，一般为0，较困难为-1，很困难为-2	-2	2	-0.96	0.748
个体和家庭特征	年龄	取整数	25	72	47.9	8.913
	性别	男性为1，女性为0	0	1	0.916	0.278
	受教育程度	小学以下为1，小学为2，初中为3，高中或中专为4，大学及以上为5	0	5	3.16	0.922
	参加培训	参加过培训为1，否则为0	0	1	0.524	0.500
	劳动力	家庭劳动力数量	1	5	2.32	0.585
	村干部	担任过村干部为1，否则为0	0	1	0.190	0.392
	是否纯粮作经营	纯粮作经营为1，去粮化经营为0	0	1	0.76	0.426
	是否兼业经营	在种植、养殖、水产、林业、农机、植保和其他行业7种经营行业中同时经营任意两种行业以上为兼业，取值为1，否则为0	0	1	0.21	0.408

续表

变量		赋值原则	最小值	最大值	均值	标准差
目前农业经营特征	现有面积	目前小麦种植面积（单位：亩）的自然对数	3	5000	258.8	635.4
	采用农业技术设备种类数	包括耕种机械、播种机械、收割机械、加工机械、冷藏运输、干燥烘干、节水灌溉、植保机械和其他9种设备类型	0	7	1	1.588
	采用生产技术种类数	包括耕种类、平衡施肥、病虫害预报与防治、农药肥料减施、植物保护、节水灌溉和其他7种技术类型	0	6	0.864	1.393
	采用生产资料种类数	包括高产品质、优质品质、化学农药、生物农药、有机肥、复合肥、控释肥、农业薄膜和其他9种类型	0	7	0.988	1.568
净收益与轮作方式交互项			−2548	5086.67	136.9	411.3
净收益与子女继承问题交互项			−1115.3	1306.67	16.32	170.138

同时，考虑到纯粮作和去粮化不同轮作方式粮户或是否有子女继承长期目标的粮户可能在面对同样的粮食净收益时会有不同的土地规模决策行为，故土地规模决策行为机理初始模型中选择了全年作物净收益与轮作方式虚拟变量的交互项及全年作物净收益与是否有子女继承虚拟变量的交互项。

6.3 多项 Ordered Logit 模型选择与估计结果分析

6.3.1 多项 Ordered Logit 模型选择

本书因变量土地规模决策的四种选择——“扩大面积”“减少面积”“保持不变”和“不再种植”是一种有序离散选项，相邻选项之间的距离未知且不一定相同，因此采用多项 Ordered Logit（Ordereded Logit Model，OLM）模型较为合适。y 为土地规模决策结果变量；m 为四种决策行为，取值为 1、2、3、4，则 y 取值为 m 的概率为：

$$Pr(y=m|X)=F(\tau_m-X\beta)-F(\tau_{m-1}-X\beta) \tag{6-1}$$

式中，τ 为临界点（Cutpoint），且 $\tau_{m-1}<\tau_m$；$X\beta=\beta_1x_1+\beta_2x_2+\beta_3x_3+LL$，表示自变量方程；$F(x)=\frac{\exp(x)}{1+\exp(x)}$表示 Logit 连接，且 $F(\tau_0-X\beta)=0$、$F(\tau_4-X\beta)=1$。

式（6-1）可以通过结果变量的累积概率表示为三个二分类 Logit 模型的联合：

$$\begin{aligned} p(y\leqslant 1|X)&=F(\tau_1-X\beta)\\ p(y\leqslant 2|X)&=F(\tau_2-X\beta)\\ p(y\leqslant 3|X)&=F(\tau_3-X\beta) \end{aligned} \tag{6-2}$$

式（6-2）中三个二分类 Logit 方程的自变量系数是相等的，只是临界点不同，这就是多项 Ordered Logit 的平行性假设（Parallel Regression Assumption）或比例优势假设（Proportional Odds Assumption）。

6.3.2 变量筛选与多项 Ordered Logit 模型估计结果

在多项 Ordered Logit 模型估计过程中，首先纳入所有初选自变量，然后利用逐步回归技术根据变量本身的显著性及对整体模型的影响，最终筛选出子女继承问题、亩均净收益等 8 个自变量。模型估计及统计检验结果如表 6-2 所示。

表 6-2 多项 Ordered Logit 模型估计及检验结果

	自变量	估计值	P 值		临界点	估计值	标准误
自变量估计值	净收益	0.0656***	0	临界点估计值	临界点 1	-7.2021	0.705
	子女继承问题	1.1419***	0		临界点 2	-6.0487	0.686
	资金缺口	0.0029**	0.013		临界点 3	-4.0658	0.657
	年龄	-0.0751***	0	模型统计量	卡方值	P 值	自由度
	受教育程度	-0.2191**	0.027		111	0.0000	9
	是否参与过培训	0.3336*	0.057		Pseudo R^2 = 0.0844		
	是否纯粮作经营	-0.3369°	0.109		Log likelihood = -601.97		
	现有规模	-0.0002°	0.106	LR 平行性检验	卡方值	P 值	自由度
	生产技术	-0.1515**	0.016		136.54	0	27

注：***、**、*和°分别表示 1%、5%、10%和 15%的显著性水平。

从表 6-3 中模型的近似 LR 平行性检验结果来看，拒绝所有自变量系数在二分 Logit 方程中相等的相伴概率为 0，说明了多项 Ordered Logit 模型应用于本书数据的合理性。大部分模型系数通过显著性水平为 5%的检验，相伴概率 P 值最大为 0.109，且自变量联合检验显著，说明了模型估计结果的整体稳健性。

6.3.3 多项 Ordered Logit 模型边际效应估计结果分析

为分析各驱动因素变动对农户土地规模决策行为概率的影响，本书估计了自变量在样本均值处的边际效应（Marginal Effects at the Means）和平均边际效应（Average Marginal Effects）（见表 6-3）。从表 6-3 中可以看出，

表 6-3 各驱动因素对土地规模决策概率的边际效应

	样本均值处边际效应				平均边际效应			
	扩大	缩小	不变	不种	扩大	缩小	不变	不种
净收益	0.01618	-0.00503	-0.00792	-0.00323	0.01396	-0.00454	-0.00543	-0.00399
	(0)***	(0.001)***	(0.001)***	(0.001)***	(0)***	(0.001)***	(0)***	(0.001)***
继承问题	0.27511	-0.06641	-0.16959	-0.03912	0.23855	-0.06480	-0.12303	-0.05072
	(0)***	(0)***	(0.001)***	(0)***	(0)***	(0)***	(0.002)***	(0)***
资金缺口	-0.00071	0.00022	0.00035	0.00014	-0.00062	0.00020	0.00024	0.00018
	(0.013)**	(0.018)**	(0.015)**	(0.018)**	(0.013)**	(0.017)**	(0.021)**	(0.012)**
年龄	-0.01852	0.00576	0.00906	0.00369	-0.01598	0.00519	0.00622	0.0045
	(0)***	(0)***	(0)***	(0)***	(0)***	(0)***	(0)***	(0)***
受教育程度	-0.05405	0.01682	0.02645	0.01078	-0.04665	0.01516	0.01816	0.01333
	(0.027)**	(0.031)**	(0.032)**	(0.033)**	(0.025)**	(0.03)**	(0.028)**	(0.033)**
是否参与过培训	0.08203	-0.02572	-0.03972	-0.01659	0.07128	-0.02302	-0.02798	-0.02027
	(0.056)*	(0.062)*	(0.059)*	(0.068)*	(0.056)*	(0.06)*	(0.063)*	(0.063)*
是否纯粮作经营	-0.08361	0.02449	0.04379	0.01533	-0.07267	0.02246	0.03122	0.01899
	(0.11)◦	(0.092)*	(0.139)◦	(0.091)*	(0.111)◦	(0.099)*	(0.145)◦	(0.091)*
现有规模	-0.00006	0.00002	0.00003	0.00001	-0.00005	0.00002	0.00002	0.00001
	(0.106)◦	(0.112)◦	(0.112)◦	(0.111)◦	(0.104)◦	(0.11)◦	(0.111)◦	(0.11)◦
生产技术	-0.03738	0.01163	0.01830	0.00745	-0.03226	0.01049	0.01256	0.00922
	(0.016)**	(0.02)**	(0.021)**	(0.022)**	(0.016)**	(0.017)**	(0.021)**	(0.022)**

注：括号内为 P 值；***、**、* 和◦分别表示 1%、5%、10%和 15%的显著性水平。

两种边际效应总体相差不大，下文模型分析均采用样本均值处的边际效应值。

6.3.3.1　粮户目标和态度分析

表 6-3 显示，收益目标对粮户土地规模决策的影响在 1%的水平上显著。其他条件保持不变时，收益增加会提高粮户采取扩大面积决策的概率，减少缩小面积、保持不变和弃耕等其他决策的概率；且收益增加对粮户扩大规模的激励作用大于对其他决策的负向反馈效应。这说明提高收益是粮户扩大规模决策的重要动机，但粮户不扩大面积的主要原因并不一定是收益的减少。子女继承问题同样对粮户土地规模决策影响显著。表 6-3 数据显示，亩均净收益、资金缺口等变量都处于相应中位数值时，有子女继承比没有子女继承粮户采取扩大土地规模决策的概率会增加 27.5%，而采取其他决策的概率不同程度地减少，说明了子女继承问题这一长期目标在华北平原粮户土地规模决策行为中的重要性。资金缺口对粮户扩大规模决策行为起显著的抑制作用，说明粮户属于风险规避型，在土地规模决策行为上并未表现出风险激进性。因此，从提高土地收益、子女继承长期目标和债务风险的厌恶来看，粮户土地规模决策行为的逻辑起点是追求规模收益和家庭长期生存目标。同时，农业补贴变量对粮户土地规模决策未显示出显著性，说明尽管当前单位土地净收益遭遇农业成本价格“天花板”和粮食价格“地板”双重啃噬，但华北平原粮户决策行为目标由获得规模效益向寻求政府补贴转变的逻辑并未得到经验的支持。

图 6-1 刻画了在整个规模区间内子女继承两类粮户对亩均利润的不同反应。对于不希望子女继承粮户土地净利润的边际效应随着现有种植面积的增加而减少，对于希望子女继承粮户土地净利润的边际效应呈倒“U”型，说明希望子女继承粮户对单位土地净收益有较强的敏感性。

6.3.3.2　个体特征和家庭特征分析

受限于体力等因素，年老的农业经营负责人相对年轻负责人采取扩大规模决策的概率会减少。受教育程度的系数和边际效应均通过 5%的显著性水平检验，受教育程度的提高会减少粮户采取扩大规模决策的概率；而参与过培训相对于没有参与过培训的粮户采取扩大规模决策的概率会增加 8.2%。主要原因是，农民受教育程度低（样本粮户平均受教育程度为初中）且教育所获知识相对滞后于现实需要，相对高学历粮户不仅不具备大规模种植管理能力，还不能面对大规模经营的困难。而培训是农民获得现

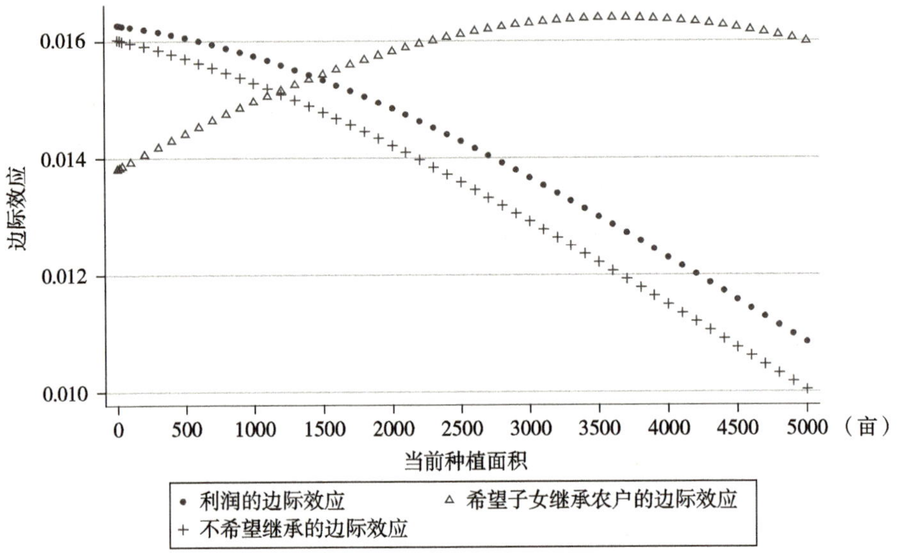

图 6-1　亩均净利润的边际效应

代化种植管理技术最直接和有效的方式。纯粮作经营粮户继续扩大规模动力不足。相同条件下，相对去粮化经营粮户，纯粮作经营粮户扩大规模的概率减少 8.4%。这凸显出在规模经营补贴机制中强化粮食补贴的重要性。

6.3.3.3　目前农业经营特征分析

表 6-4 显示，对于一个样本均值处粮户，其他变量值一定，现有种植面积的增加会减少粮户采取扩大规模决策的概率；目前已采用农业生产技术种类数的增加同样会降低粮户采取增加土地规模决策的概率，且通过 5%的显著性检验。生产技术在规模决策行为上的反应说明农民受教育程度较低（平均受教育程度为初中），对现代农业生产技术持有排斥或恐惧心理。因此，提高农业技术培训实效，提升农民技术水平，对推动农村人力资源开发，促进农业现代化发展具有重要意义。为清晰显示单位土地面积增加对华北平原不同规模粮食种植户土地规模决策行为的影响，本书计算出现有面积分别是 3 亩、20 亩、40 亩、100 亩及 100 亩整数倍粮户单位土地面积增加时四种决策的样本均值处边际效应。缩小、保持不变和不再种植三种决策的边际效应在整个规模区间内不完全显著，扩大面积决策行为的边际效应在整个规模区间内均通过 15%的显著性检验，其边际效应和相应相伴概率 P 值如图 6-2 所示。

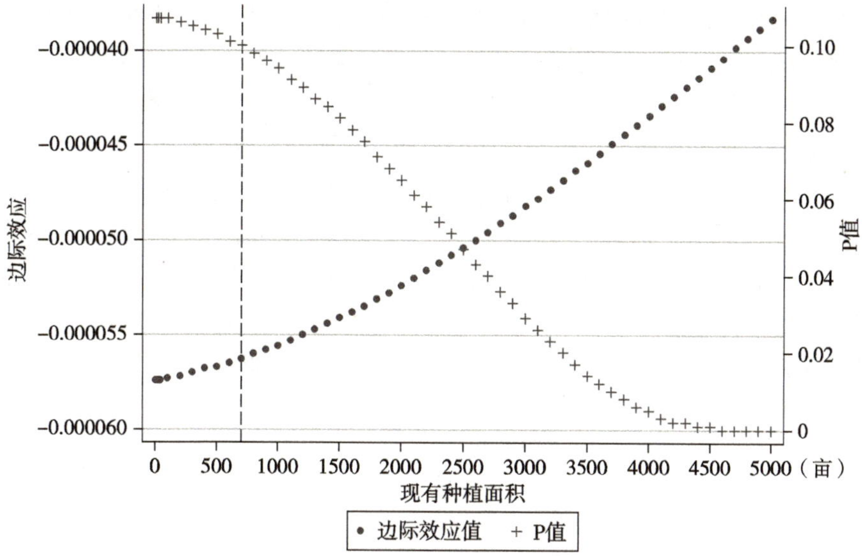

图 6-2　现有面积对扩大土地规模决策的边际效应（样本均值处）

图 6-2 显示，现有种植面积对华北平原粮食种植户扩大规模决策的负边际效应具有递减规律，即小规模粮户在继续扩大面积的决策行为中对现有面积的微小变化较大规模粮户敏感，这符合经济学原理上边际效应递减规律。但边际效应的显著性与现有面积正相关。即对小规模粮食种植粮户的显著性不强；当现有面积超过 700 亩之后，边际效应均通过 10%的显著性检验；超过 3700 亩之后，边际效应均通过 1%的显著性检验。这说明现有种植面积对大规模粮食种植粮户继续扩大规模决策行为中的反向牵制作用，再次验证了华北平原大规模粮食种植户并不是无视现有种植面积盲目扩大土地规模的决策行为。

6.3.4　预测概率结果分析

为揭示华北平原不同规模粮食种植户土地规模决策行为规律，本书用多幂多项式回归拟合方法得出四种规模决策行为的预测概率图（见图 6-3）。从图 6-3 可以看出，粮户规模扩张决策概率在 500 亩内经历了快速增加再缓慢减少的过程，500 亩之后扩大规模决策概率继续逐步减少，减少到小于规模不变决策概率，甚至小于规模缩小和不再种植决策概率。土地规模扩张从小规模区间的大概率到大规模区间的小概率，改变幅度最大，透视出较小区间内粮户受规模扩张正向激励影响作用较大，有较强的规模扩张预期，但规模扩张决策行为在土地收益和子女继承问题的正向激励，以及资金缺口和现有种植面积等负向牵制作用下难以形成“以大为美”的决策逻辑。不再种植决策预测概率在整个规模区间内数值最小，基本正相关于种植面积。这说明大规模和超大规模农业经营粮户遭遇到的负向刺激更强。规模缩小预测概率基本上随着现有种植面积的增加而增大。现有种植面积大于3500亩之后，规模缩小和不再种植决策预测概率继续增加，而规模扩大和规模不变预测概率双双减少。四条拟合曲线的耦合规律揭示出小规模粮户为寻求规模经济效益扩大面积的大概率和大规模粮户为规避风险其他规模决策概率上升的理性决策行为。

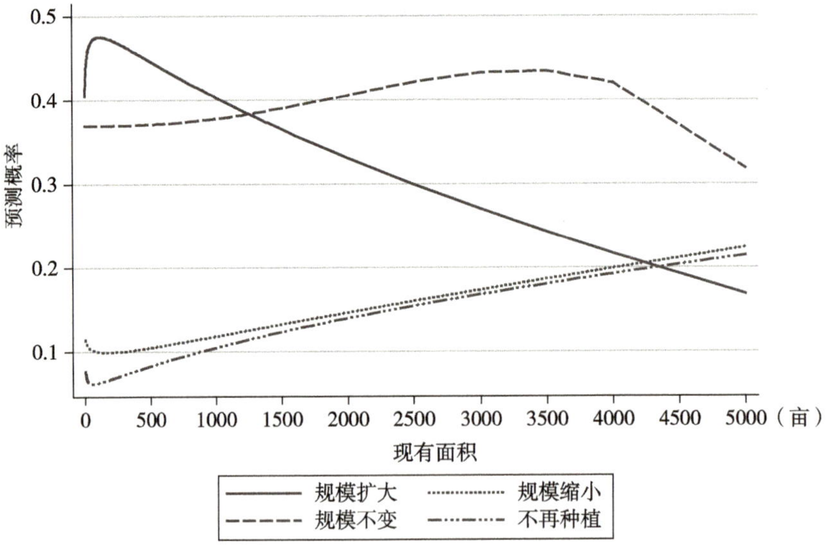

图 6-3　粮户四种规模决策行为预测概率

图6-4显示，在现有面积越大的情况下，两类粮食种植户都表现出逐步减小的规模扩张预期，且希望子女继承粮户规模扩大决策的预测概率总大于不希望子女继承的粮户，在500亩以内更表现出扩大土地规模的积极性。因此，子女继承长期目标是华北平原粮户土地规模决策的重要诱因。

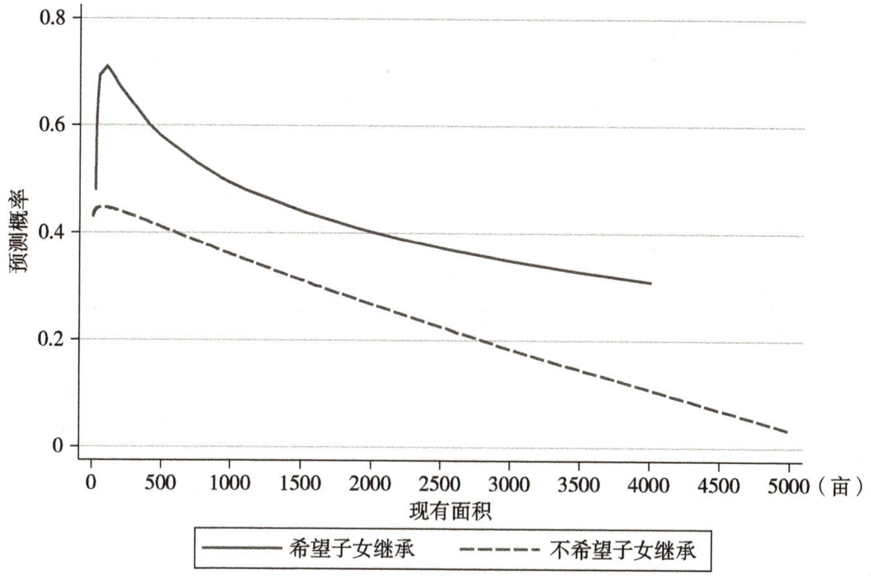

图 6-4　子女继承两类粮户规模扩大决策预测

6.4　粮户土地规模决策行为研究结论

本章在多项 Ordered Logit 模型回归后，利用回归后估计方法得出边际效应和预测概率探究粮户土地规模决策行为机理，主要结论为：

第一，粮户土地规模决策的收益最大化目标是通过扩大土地规模实现最大规模经济效益，并未发生向寻求政府补贴转变的经验证据。粮户目标并不局限于最大化当前的规模效益，子女继承长期目标在粮户农业规模决策中起着重要的内在驱动作用。资金缺口制约粮户规模扩张决策行为，粮户为风险（债务）厌恶型，并未表现出对风险的偏好或激进。

第二，年轻的粮食种植负责人和参与过培训的粮食种植负责人是规模扩张决策的重要诱因，而受教育程度对规模扩张决策起负向激励作用。相同条件下，纯粮作经营粮户相对去粮化经营粮户规模扩张决策动力不足。

第三，现有种植面积对粮户扩大规模决策具有递减的负边际效益，即小规模粮户对现有面积的微小变化较大规模粮户敏感，但现有面积对大规模粮户扩大规模决策的负向牵制作用更为显著，这为大规模粮食种植户规模扩张审慎决策行为提供了经验证据。农业生产技术同样对粮户土地规模扩张决策具有负向牵制作用。

第四，小规模粮食种植户为寻求规模经济效益等显示出扩大规模决策的大概率，大规模粮食种植户在资金缺口和现有种植面积等负向牵制作用下难以形成“以大为美”的决策逻辑，显示为其他规模决策概率的上升。相同条件下希望子女继承的粮户表现出更大的规模扩张预测概率。

因此，在政策措施上，首先，粮户是农业规模经营的主体，也是农业生产的行为决策主体，在尊重粮户土地规模决策意愿的基础上，合理引导其规模经营范围不超过当地基础和条件允许的适度规模阈值，控制恰当的规模扩张速度，使其成为农业规模经营的积极参与者和真正受益者。其次，加强农民职业培训，改变文化低、不懂技术、怕技术的局面，培育懂技术、会经营的新型农民，推动农业持续增效。最后，通过国家补贴政策提高农民粮食生产积极性。在华北平原粮食主产区，扩大粮食生产规模，对保证国家粮食安全有着重大的战略意义。政府可继续实行粮食最低收购价政策，提高粮户直接收益；加大粮食直接补贴“绿箱”政策力度，提高粮食规模生产效益，促进粮食规模化生产；以操作进程合理有序、能有效规避市场风险和自然风险、让华北平原粮户特别是种粮大户获得稳定的预期收入为最终目标，来深入完善农业保险，充分发挥农业保险的作用。

6.5 本章小结

本章将调查数据中粮户今后几年在土地经营规模上的“扩大面积”“减少面积”“保持不变”和“不再种植”四个选项作为华北平原粮食种植户的四种土地规模决策行为。首先构建粮户土地规模决策行为机理分析框架，在理论分析基础上，选择粮户土地规模决策行为影响因素构建多项 Ordered Logit 模型，并利用回归后估计方法得出粮户土地规模决策因素的边际效应和预测概率，探究华北平原粮食种植户土地规模决策行为机理。

所得实证结论为：首先，逐利动机不是华北平原粮食种植户规模决策的唯一目标，希望子女继承长期目标是粮户规模决策的另一重要内在驱动因素。其次，华北平原粮食种植户扩大土地规模的盈利目标是获得规模经济效益，而非寻求政府补贴。最后，资金缺口制约华北平原粮食种植户规模扩张决策行为，现有面积对大规模粮户继续扩大土地面积决策的负向牵制作用显著；小规模粮户扩大土地面积的预测概率较大，大规模粮户扩大土地面积的预测概率较小，缩小土地面积等其他决策概率较大。因此，华北平原粮食种植户土地规模决策行为并未偏离寻求规模收益的初始行为逻辑，也不存在风险（债务）偏好的盲目性，大规模粮户在现有面积等负向牵制作用下不追求“以大为美”的决策逻辑。

7

华北平原粮户土地规模决策行为机理的进一步研究

在第5章和第6章中均采用了亩均净收益、亩均政府补贴等收益类指标，规模经营负责人年龄、受教育程度、是否接受培训等个体家庭特征，是否兼业经营或纯粮作经营等不同经营类型，现有土地经营面积、所采用技术种类数等现有规模经营特征。这些变量对粮户土地规模意愿和决策行为既表现出一致性，也存在差异性。各变量对粮户土地规模意愿和决策行为的影响如表7-1所示。

表7-1 各变量对粮户土地规模意愿和决策行为影响

变量	意愿规模模型估计系数	规模决策行为边际效应
负责人年龄	-0.004**	-0.01852***
是否希望子女继承	0.5102***	0.27511***
是否纯粮作经营	-0.4456***	-0.08361°
是否兼业经营	0.3763***	
现有种植面积	0.7793***	-0.00006°
生产技术种类数	-0.1428***	-0.03738**
生产资料种类数	0.0811**	
亩均政府补贴	0.00079**	
亩均净收益		0.01618***
资金缺口		-0.00071**
受教育程度		-0.05405**
是否参与过培训		0.08203*
是否参与农业保险		
家庭劳动力规模		

注：*、**、***和°分别表示1%、5%、10%和15%的显著性水平；土地规模意愿模型中对现有种植面积取自然对数；各变量对粮户土地规模决策的边际效应为样本均值处的边际效应。

7.1 粮户土地规模决策行为与规模意愿的一致性

表 7-1 表明，在华北平原粮食种植户的土地规模决策行为和规模意愿机理中存在如下主要的协同性：

第一，子女是否继承问题作为粮户土地规模经营的长期目标，无论对粮户的土地规模意愿还是决策行为都存在显著的正向激励作用，可能是粮食规模种植户对现有土地转让合同期限的长期性，规模经营中基础设施、大型机器设备等投入回报的长期性，和劳动力的生命周期性相比，做出的条件选择：有子女继承的粮户扩大现有种植面积的概率较大，无子女继承的粮户无继续扩大土地面积的动力。

第二，纯粮作经营农户较去粮化经营农户在扩大土地规模意愿和决策行为上表现出较弱的积极性。一般情况下，粮食净收益小于经济作物净收益，导致了纯粮作经营抑制土地意愿规模和扩大规模决策行为。因此，为保障粮食安全，推广土地规模经营应着力加强对粮食规模经营主体的政策扶持。

第三，规模经营负责人年龄越大，扩大土地规模的意愿和决策越弱小。中国网络信息技术突飞猛进的发展使农业规模经营在简单机械化基础上向自动化、信息化和智能化方向发展。因此，有文化、懂技术、会经营且容易接受新知识的年轻农民相对老年农民具有无法比拟的优势。因此，粮食规模经营负责人年龄成为制约土地规模扩张决策的因素之一。

第四，目前粮食规模经营主体采用的生产技术种类数对土地规模扩张意愿和决策行为均表现为负向作用。主要原因是，当前农民受教育程度普遍较低，平均受教育程度为初中，大专教育程度者寥寥无几。高中之前的教育主要是基础教育，不是农业专门技术的教育，相应地，现有规模经营中采用的生产技术使农民能体会到自身文化技术素质与现有技术要求的差距，因此粮食规模经营中体现不出教育的回报，农民表现为对生产技术的惧怕心理。

第五，是否参与农业保险对粮户扩大土地规模意愿和决策行为均不显著。农业保险可以防范自然灾害等风险，对粮食规模种植户应该起到一定的保障作用。但现实中，农业保险未起到应有的效果。主要原因是现有农业保险在保障群体设置、保障力度等方面不适应规模经营。在保障群体设置上，应该从家庭经营中转变出来，积极开发满足家庭农场、专业大户、农民合作社、农业产业化龙头企业等新型农业经营主体需求的保险产品，以防范农业生产经营风险、支持农业现代化发展。在保障力度上，转变主要以直接物化成本确定保障水平的准则，重视规模经营主体的租地成本，把粮食规模种植的租地成本纳入核定保障水平的标准中。

第六，家庭劳动力规模对粮食土地规模扩张意愿和决策均无效。规模经营特别是中、大规模粮食经营的劳动投入主要依靠雇工和机械化投入，自由劳动参与比重大大降低，因此家庭劳动力对华北平原土地规模扩张意愿和决策行为均不起作用。

7.2 粮户土地规模决策行为与规模意愿的差异性

从表 7-1 中可以看出，粮户土地规模决策行为和土地规模意愿机理的差异性主要表现在以下几个方面：

第一，亩均净收益和资金缺口在粮户土地规模决策行为中分别是正向和负向作用，而在土地规模意愿中均未显示出其显著性。这充分说明了华北平原粮食种植户在土地规模意愿上表现出不顾资金缺口的羁绊，不遵从粮食规模经营效益一味扩大现有种植面积的盲目性；但在现实土地规模决策行为上又顾忌资金缺口，依照规模经营效益的理想决策行为。即华北平原粮食规模种植户表现为土地规模“意愿盲目”和“决策理性”现象。

第二，现有种植面积和政府补贴对粮户规模意愿均表现出正向促进作用，但在其规模决策行为中未表现出显著性。这再次证明，华北平原粮食规模种植户在土地规模意愿上存在无视现有种植面积，贪图政府补贴或“广种薄收”的心理，但在现实决策行为上转到正视现有种植面积、追求“粮食净收益”的理性回归。

第三，规模经营负责人受教育程度和是否参与过培训均对粮户土地规模意愿没有影响作用，对土地规模决策行为分别是负向和正向作用。农民平均受教育程度为初中，绝大多数在高中以下，粮食规模经营中使用的技术、管理需通过专门培训获得。因此，是否参与过培训对粮户扩大土地规模决策起到正向促进作用。粮户土地规模意愿存在无视“粮食净收益”“资金缺口”的盲目性，同样也存在忽视规模经营负责人受教育程度和是否参与过培训的普遍性。

7.3 意愿规模作为决策行为影响因素的决策行为机理实证分析

7.3.1 实证结果与稳健性检验

7.3.1.1 实证结果

粮户对土地规模的意愿和决策行为是相关但不同的心理活动进程，它们的影响因素及其影响程度并非协同一致，如上所述。粮户的土地规模决策是意愿的后续行为，它受到土地规模意愿的影响，但也会随着国内农业补贴政策、自然灾害状况、基础设施改善和国外粮食市场价格变动、粮食贸易状况的变化而发生变动。为进一步分析两者的差异，这里在土地规模决策行为机理实证分析中加入土地意愿规模作为解释变量考察粮户规模决策行为机理。实证结果如表 7-2 所示。

由表 7-2 可以看出，在粮户土地规模决策行为实证模型中加入粮户意愿规模后并没有改变全年作物净收入、现有种植面积、子女是否继承、资金缺口、是否纯粮作经营，以及粮食规模经营负责人年龄、受教育程度、是否参与培训等重要解释变量对粮户土地规模决策行为的影响性质，也没有改变模型估计结果的稳健性。而粮户意愿规模对其规模决策行为在 1%的显著性水平下通过显著性检验，说明粮户土地规模意愿影响土地规模决策后续行为。

表 7-2 规模决策行为对意愿规模的多项 Ordered Logit 模型估计及检验结果

	自变量	估计值	P 值		临界点	估计值	标准误
自变量估计值	净收益	0.0640***	0.001	临界点估计值	临界点 1	−8.5393	0.794
	子女继承问题	0.7628**	0.028		临界点 2	−7.1006	0.767
	资金缺口	−0.0004	0.760		临界点 3	−4.7771	0.724
	年龄	−0.0926***	0.000	模型统计量	卡方值	P 值	自由度
	受教育程度	−0.2281**	0.033		213.5	0.0000	10
	是否参与过培训	0.2297*	0.214		Pseudo R^2=0.1698		
	是否纯粮作经营	−0.4803**	0.032		Log likelihood=−522.04		
	现有种植面积	−0.0030***	0.000	LR 平行性检验	卡方值	P 值	自由度
	意愿规模	0.0024***	0.000		144.34	0	30
	生产技术	0.0008	0.991				

注：***、** 和 * 分别表示 1%、5%和 10%的显著性水平。

7.3.1.2 稳健性检验

土地规模意愿和土地规模决策行为是粮户连续的规模心理活动，意愿规模作为规模决策的解释变量，可能会产生样本选择性偏误（Selection Bias）问题。样本选择性偏误会造成模型参数估计的偏差。为了验证上述模型是否存在样本选择性偏误问题，这里建立 Heckman 两步法模型：把在粮户意愿规模机理实证模型中显著而粮户土地规模决策行为机理实证模型中不显著的“是否兼业经营”“政府补贴”和“生产资料种类数”作为意愿规模的解释变量，表 7-2 中的所有变量作为规模决策和意愿规模共同的解释变量，进行 Heckman 两步法估计。通过逆米尔斯比率（Reverse Mills Ratio，IMR）系数的显著性判断是否适合用 Heckman 两步法模型。

把“是否兼业经营”“政府补贴”和“生产资料种类数”三变量分别作为意愿规模的解释变量，及两两组合或三变量联合作为意愿规模的解释变量都作为检验模型，估计结果显示，这些模型逆米尔斯比率系数的相伴概率分别为 0.411、0.421、0.393、0.310、0.394、0.310 和 0.307，表明所有模型的逆米尔斯比率均通过 10%的显著性水平检验，即加入意愿规模后的土地规模决策模型不存在样本选择性偏误问题。因此，本书选择最终模型估计结果如表 7-2 所示。

7.3.2 实证结果分析

首先做出各驱动因素对粮户土地规模决策行为的总体边际效应（包括样本均值处边际效应和平均边际效应），如表 7-3 所示。从表 7-3 中可以看出，和第 6 章粮户规模决策行为模型中没有控制意愿规模相比，各驱动因素在样本均值处的边际效应值中通过 10%显著性水平检验的变量较少，但各驱动因素对华北平原粮食种植户的影响方向和前文保持一致。表 7-3 中的样本均值处边际效应和平均边际效应相比，边际效应数值方向基本一致，但各驱动因素平均边际效应值中通过 10%显著性检验的数量较多。

具体从粮户土地规模决策各因素的边际效应来说，华北平原粮食种植户意愿土地规模对其后续土地规模扩张决策具有正向促进作用，子女继承同样对粮户土地规模扩张决策具有正向激励作用，且两者的样本均值处边际效应均通过 5%的显著性检验，平均边际效应均通过 1%的显著性水平检验。华北平原冬夏两季纯粮食种植户相对去粮化经营户在土地规模扩张决心行为上缺乏积极性，且此效应通过 1%的显著性检验水平。从作物净收益对土地规模决策的边际效应值和其显著性来看，现有种植规模内全年作物净收益增加，粮户在下一步土地规模决策上的反应起码是缩小当前种植面积的概率减少。年龄在样本均值处边际效应和平均边际效应上表现出较为一致的规律，说明华北平原粮食种植户中，年轻种植户负责人相对年老负责人更具有土地规模扩张的动力和热情。比较现有种植面积的两种边际效应发现，现有种植面积越大的华北平原粮食种植户越倾向于做出缩小土地面积的决策行为。在控制土地意愿规模的条件下，再一次印证了华北平原粮食种植户土地规模决策行为区别于其土地规模意愿的盲目性（王小叶，2018b），而显示出土地规模决策的理性行为（王小叶，2018c）。

为细致刻画在控制意愿规模情况下，华北平原粮食种植户土地规模决策行为机理，以进一步揭示粮户土地规模决策行为机理，下面分别描述各驱动因素对粮户土地规模扩张、缩小、保持不变和“弃耕”四种规模决策行为的边际效应。

表 7-3　各驱动因素对土地规模决策概率的边际效应

	样本均值处边际效应				平均边际效应			
	扩大	缩小	不变	不种	扩大	缩小	不变	不种
净收益	0.00219	0.00000	−0.00215	−0.00002	0.00518	−0.00734	0.00394	−0.00178
	(0.695)	(0.966)	(0.7)	(0.426)	(0.165)	(0.001)***	(0.338)	(0.416)
继承问题	0.34611	0.00000	−0.34518	−0.00054	0.23848	0.03083	−0.20396	−0.06536
	(0.003)***	(0.999)	(0.003)***	(0.419)	(0.001)***	(0.541)	(0.024)	(0.212)
资金缺口	−0.00814	−0.00001	0.00817	0.00000	0.01575	−0.05707	0.03152	0.00980
	(0.24)	(0.96)	(0.238)	(0.605)	(0.84)	(0.785)	(0.743)	(0.782)
年龄	−0.02449	0.00000	0.02441	0.00005	−0.01960	0.00398	0.01072	0.00490
	(0)***	(0.966)	(0)***	(0.364)	(0)***	(0.011)**	(0)***	(0)***
受教育程度	−0.00809	0.00001	0.00802	0.00002	−0.02659	0.05446	−0.02159	−0.00628
	(0.8)	(0.966)	(0.801)	(0.779)	(0.226)	(0.001)***	(0.354)	(0.566)
是否参与过培训	0.02477	−0.00001	−0.02473	0.00001	0.05094	−0.09510	0.02538	0.01879
	(0.655)	(0.966)	(0.655)	(0.933)	(0.185)	(0.002)***	(0.532)	(0.368)
是否纯粮作经营	−0.21928	0.00000	0.21924	−0.00001	−0.12870	−0.03726	0.16957	−0.00361
	(0.001)***	(0.966)	(0.001)***	(0.953)	(0.004)***	(0.213)	(0.001)***	(0.897)
现有面积	−0.00025	0.00000	0.00025	0.00000	−0.00050	0.00050	−0.00037	0.00038
	(0.169)	(0.966)	(0.179)	(0.331)	(0)***	(0)***	(0.015)**	(0)***
生产技术	−0.02145	0.00000	0.02150	−0.00003	−0.00938	−0.00820	0.02176	−0.00418
	(0.343)	(0.966)	(0.341)	(0.575)	(0.557)	(0.399)	(0.182)	(0.55)
意愿规模	0.00022	0.00000	−0.00021	0.0000	0.00040	−0.00034	0.00028	−0.00034
	(0.031)**	0.966	(0.035)**	(0.303)	(0)***	(0)***	(0.007)***	(0)***

注：括号内为 P 值；***、** 和 * 分别表示 1%、5%、10%的显著性水平。

7.3.2.1　意愿规模对粮户土地规模决策行为的实证结果分析

意愿规模对粮户土地规模扩张决策行为的边际效应如图 7-1 所示。

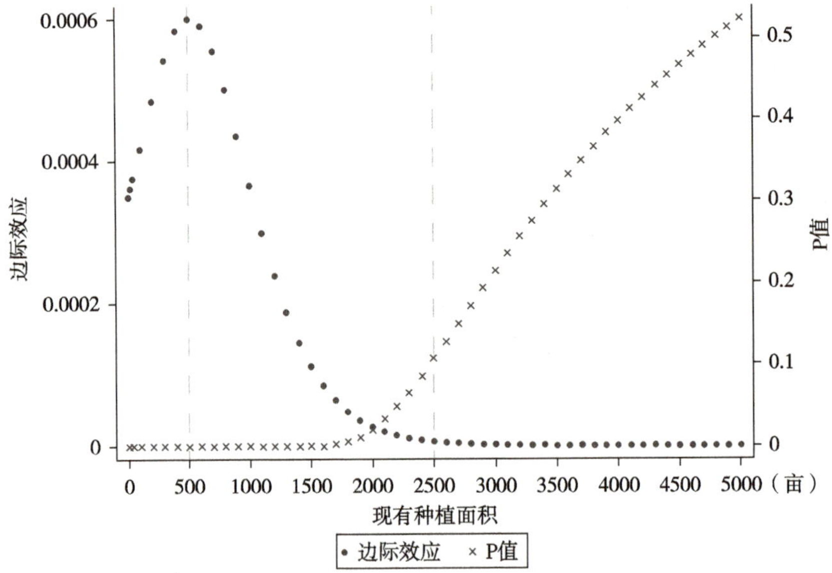

图 7-1　意愿规模对粮户土地规模扩张决策行为的边际效应

图 7-1 中从意愿规模对粮户土地规模扩张决策行为的边际效应曲线来看，粮户意愿规模对其土地规模扩张决策行为的边际效应呈现出先增加后减少的趋势。具体来说，现有耕种面积在 500 亩之前的粮食种植户，其意愿规模对扩大现有粮食种植面积的边际效应呈递增趋势，对 500 亩粮户的边际效应最大；对大于 500 亩的粮食种植户，意愿规模对其扩大粮食耕种决策的边际效应呈递减趋势。意愿规模边际效应的相伴概率曲线表明，粮户意愿规模对其土地扩张决策边际效应的显著性呈指数级增长趋势。也就是说，现有种植面积越大，意愿规模对粮户扩大当前粮食种植面积的影响作用越不显著，现有粮食种植面积大于 2500 亩的农户，其土地规模意愿传导不到后续的土地规模扩大决策行为上，即粮户土地规模扩大仅停留在“意愿”想法上。

图 7-2 所示为华北平原粮户意愿规模对其土地规模缩小决策行为的边际效应及相应的相伴概率。从图中可以看出，1300 亩以内粮食种植户的意

愿土地规模影响后续的规模缩小决策行为，超过1300亩之后，粮户意愿规模不影响最终的土地规模决策行为。且影响显著范围内，影响方向为负，即一定规模范围内，粮食种植户理想的土地规模面积会潜意识地阻碍粮户做出土地规模缩小的最终决策。

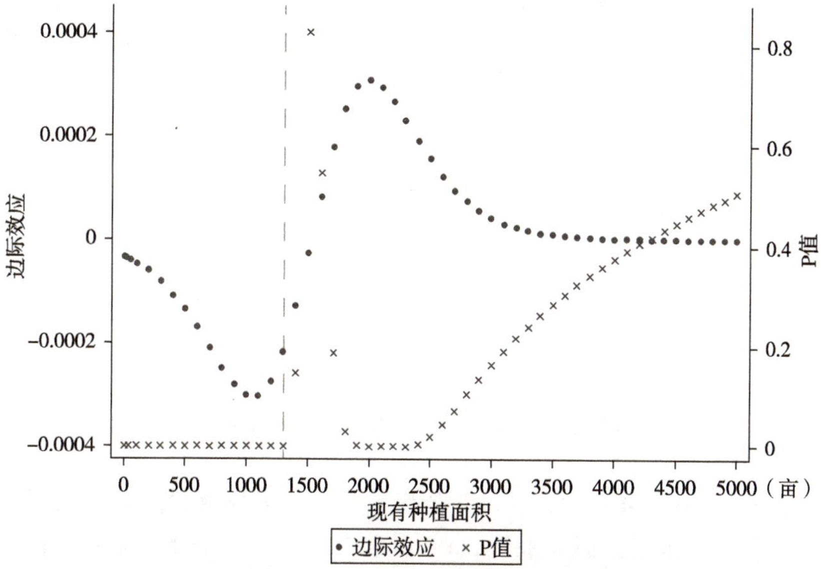

图 7-2　意愿规模对粮户缩小土地规模决策行为的边际效应

图 7-3 所示为华北平原粮户意愿规模对其土地规模保持不变行为的边际效应及相应的相伴概率。从图中可以看出，对 900 亩以下的粮食种植户，理想土地规模增加会抑制其做出现有耕种面积保持不变的决策行为。但意愿规模对超过 900 亩的粮食种植户的保持现有耕种面积的决策不起作用。

图 7-4 所示为华北平原粮户意愿规模对其做出不再种植决策行为的边际效应及相应的相伴概率。从图中可以看出，意愿规模对粮户放弃耕种决策行为的边际效应均为负值，且对现有耕种面积在 2800 亩之内和大于 4900 亩的粮户显著，对耕种面积在其他范围内的粮户影响不显著。现有耕种面积在 2800 亩之内的粮户，意愿规模对不再种植决策行为的边际效应呈现先增加后减少的抑制作用，对现有耕种面积为 1800 亩的粮户抑制作用最大。

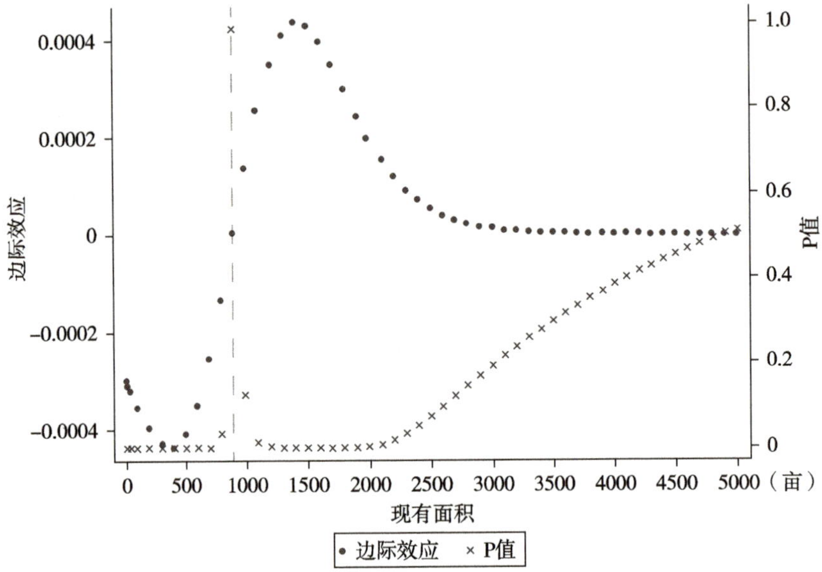

图 7-3　意愿规模对粮户土地规模保持不变决策行为的边际效应

图 7-1~图 7-4 显示，华北平原粮食种植户意愿规模对其扩大规模决策起正向促进作用，但局限于 2500 亩之内的粮户；华北平原粮食种植户意愿规模对缩小规模、保持不变和不再种植三种土地规模决策行为均起负向抑制作用，且这种作用几乎局限于相对小规模粮户，不影响相对大规模粮户的三种决策行为。因此，华北平原粮食种植户意愿规模对其土地决策行为的影响可总结为：意愿规模的增加会促使相对小规模农户做出扩大当前种植面积的决策行为。相应地，意愿规模的增加会抑制相对小规模农户做出对当前种植面积缩小、保持不变或“弃耕”的决策行为。意愿规模对相对大规模粮食种植户的决策行为在统计学意义上不具有显著性。

7.3.2.2　作物净收益对粮户土地规模决策行为的实证结果分析

上述分析表明，华北平原粮食种植户意愿规模对其土地规模决策行为影响有限，那么在控制土地规模意愿等条件下，全年作物净收益对土地规模决策行为的边际效应分析能体现华北平原粮食种植户的规模决策行为是否追求规模经济效益理论。作物净收益对粮户扩大土地规模决策行为的边际效应及对应的相伴概率如图 7-5 所示。

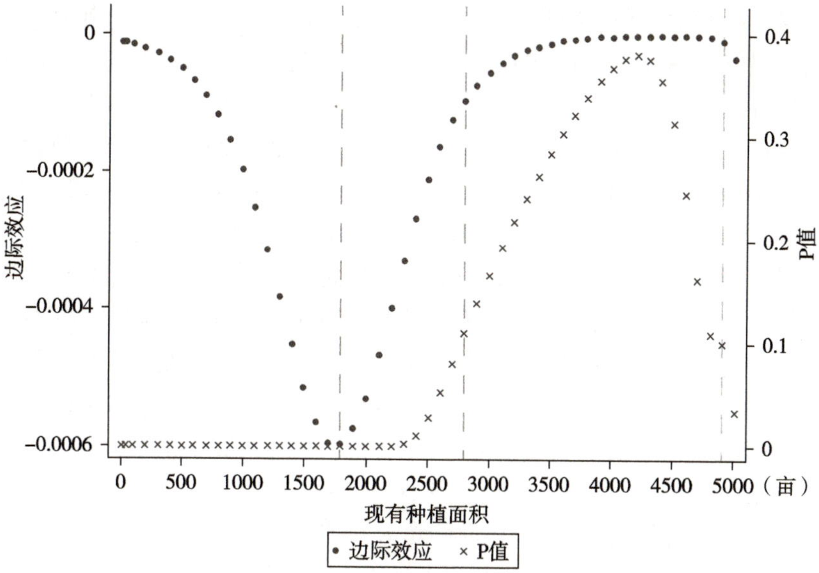

图 7-4 意愿规模对粮户不再种植决策行为的边际效应

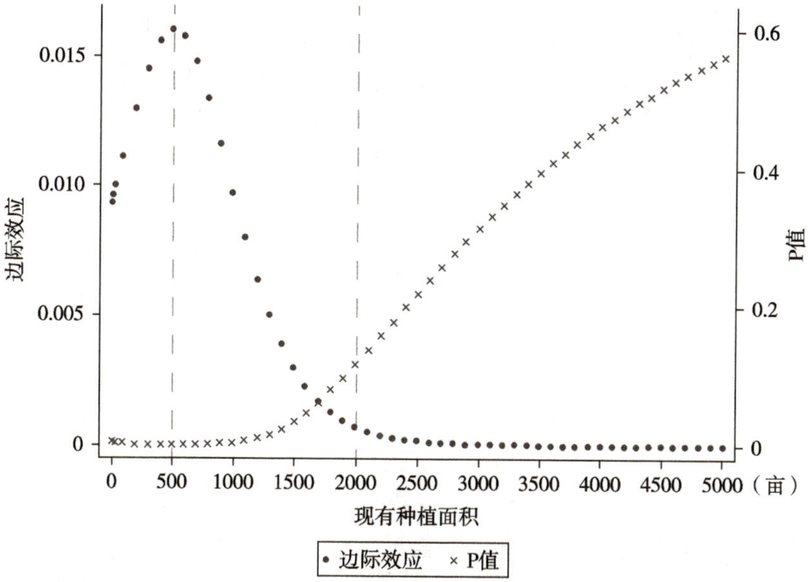

图 7-5 作物净收益对粮户扩大土地规模决策行为的边际效应

图 7-5 表明，作物净收益对粮户扩大土地规模决策行为的边际效应均为正值，但仅对现有种植面积在 2000 亩之内的粮食种植户存在显著的正向作用。对现有面积在 2000 亩之内的粮食种植户，全年作物净收益对其下一步土地规模扩张打算的影响作用大小呈倒“U”型，即在 300~500 亩的粮食种植户，全年作物净收益越大，其下一步扩大现有种植面积的决策概率越大；500~2000 亩的粮食种植户，全年作物净收益可以促使其接下去进一步扩大土地规模，但促进作用随着现有种植面积的增大而减小。作物净收益对粮户土地规模扩大决策的边际效应在相对大规模区间内不显著、在相对小规模区间范围内又呈现先增加后减少趋势的整体特征，说明了在控制意愿规模等条件下，华北平原粮食种植户理性地寻求土地规模报酬的理性土地规模决策逻辑。

作物净收益对粮户缩小土地规模决策行为的边际效应及对应的相伴概率如图 7-6 所示。净收益对华北平原粮食种植户缩小土地规模决策的边际效应为负值，并仅对 1300 亩以内的粮食种植户影响显著。且粮食净收益抑制粮户缩小土地规模决策行为的程度对 1300 亩以内的相对大规模粮食种植户较大。即在一定意愿规模等条件下，当全年作物净收益增加时，1300 亩之内粮食种植户做出缩小现有种植规模决策的概率减少，且 1300 亩之内相对小规模粮食种植户在全年作物净收益增加情况下更不愿意做出缩小现有种植面积的决策。这是因为当全年作物净收益增加时相对小规模粮食种植户因现有种植面积太少获得粮食总收益并不多，因此相对小规模粮食种植户更倾向于通过扩大而不是缩小当前种植面积获得更多收益。

图 7-7 是全年内作物净收益对粮户做出保持原有种植面积决策的边际效应及对应的相伴概率图。图中显示，作物净收益对现有种植面积在 2200 亩之内的保持不变决策在 10% 的显著性水平下显著，对 2200 亩以上粮户的保持不变决策影响不显著。对于现有种植面积在 2200 亩之内的粮户，作物净收益对其保持不变决策的影响总体上分为正向和负向作用。作物净收益对 800 亩以内粮食种植户保持不变决策的边际效应为负，对超过 800 亩粮户保持不变决策的边际效应为正。也就是说，在意愿规模等条件一定的情况下，全年作物净收益增加，800 亩以内粮食种植户做出保持现有种植面积决策的概率将减少，大于 800 亩且小于 2200 亩粮食种植户做出保持现有种植面积不变决策的概率将增加。同作物净收益对粮食种植户缩小现有种植规模决策的边际效应分析一样，当全年作物净收益增加时，相对小规模粮食种植户不愿做出保持现有种植规模不变的决策。

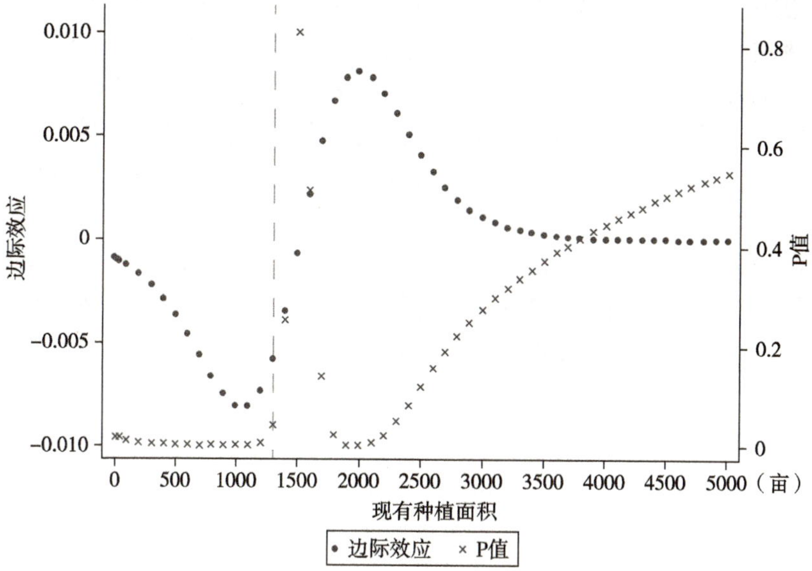

图 7-6 作物净收益对粮户缩小土地规模决策行为的边际效应

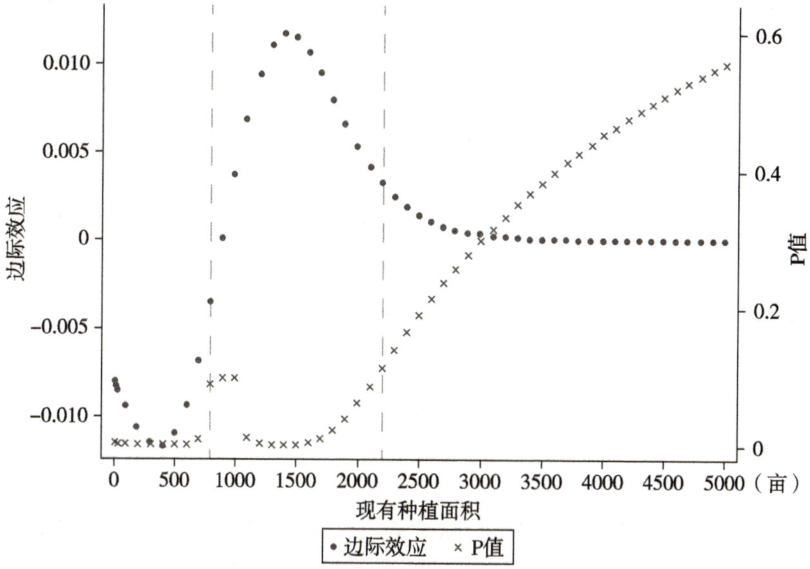

图 7-7 作物净收益对粮户土地规模保持不变决策行为的边际效应

图 7-8 是全年内作物净收益对粮户做出不再种植决策的边际效应及对应的相伴概率图。全年内作物净收益对 2400 亩之内的粮食种植户在 10% 的显著性水平下通过显著性检验。由 7-8 图可以看出，全年作物净收益对华北平原粮户做出“弃耕”决策的边际效应均为负值。即在意愿土地规模等一定的条件下，当全年作物净收益增加时，粮食种植户做出不再种植决策的行为减少。在 2400 亩之内边际效应的显著性范围，小于 1800 亩粮食种植户作物净收益的负向抑制作用呈增大趋势，大于 1800 亩之后负向抑制作用逐渐减少。即当全年两季平均作物净收益增加时，相对小规模粮食种植户比相对大规模粮户更不愿做出“弃耕”决策行为。

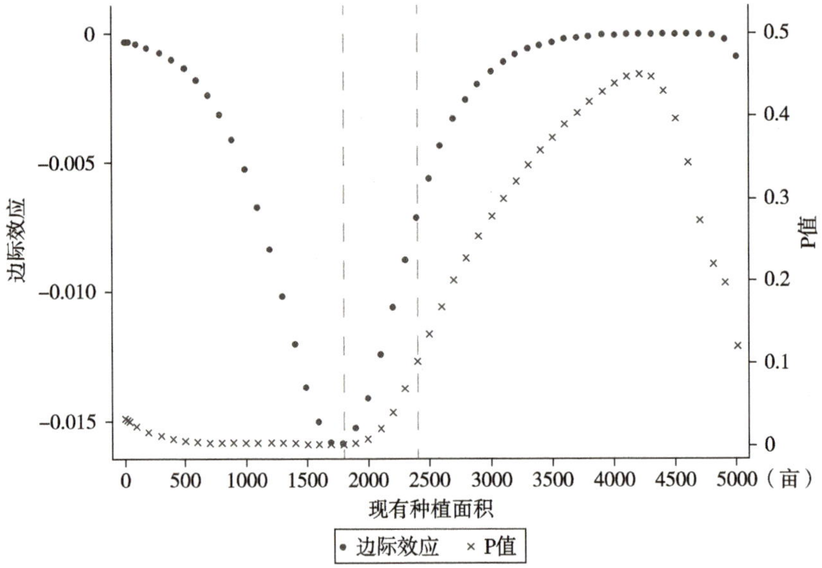

图 7-8　作物净收益对粮户不再种植决策行为的边际效应

综合图 7-5~图 7-8 的作物净收益边际效应图发现：第一，在意愿土地规模等一定的条件下，当规模内全年两季作物平均净收益增加时，仅对华北平原相对小规模粮食种植户的规模决策行为产生显著的影响。相对大规模粮食种植户的作物净收益边际效应几乎均不显著。第二，在作物净收益边际效应的显著范围内，作物净收益对华北平原粮食种植户扩大现有种植面积决策的边际效应为正值、对缩小现有种植面积和不再种植两种决策的边际效应均为负值、对保持不变决策的边际效应由相对小规模粮户到相对大规模粮户经历由负值到正值的变化。这说明，当作物净收益增加时，为获得更多经济收益，华北平原粮食种植户倾向于扩大当前种植规模，只有一定规模范围内的粮食种植户倾向于保持现有种植规模不变。也就是说，华北平原粮食种植户扩大土地规模决策的目的是寻求更多的规模经济效益。

7.3.2.3 子女是否继承对粮户土地规模决策行为的实证结果分析

子女继承作为粮户规模经营的长期目标，在第 5 章和第 6 章的实证分析中均证明对华北平原粮户土地规模扩张意愿和土地规模扩张决策行为均存在显著且较大的正向激励作用。此外，在控制粮户意愿规模的前提下，得出其对粮户土地规模不同决策行为的边际效应，以分析在粮户意愿一定的条件下，有子女继承对华北平原土地规模决策特别是对土地规模扩张决策的影响如何。

子女继承对粮户土地规模扩张决策行为的边际效应及对应的相伴概率如图 7-9 所示。从图 7-9 可以看出，子女继承对华北平原粮食种植户土地规模扩张决策行为的边际效应均为正值，但随着现有种植面积的增加，其显著性呈下降趋势，超过 1400 亩之后，显著性大于 10%。现有种植面积在 1400 亩之内有子女继承的粮户趋向于扩大现有种植面积，但子女继承对扩大现有种植面积的正向作用呈倒“U”型曲线关系。即子女继承长期目标对扩张土地规模决策的边际效应对现有种植面积在 600 亩之内的粮户呈递增趋势，对大于 600 亩之后的粮户呈递减趋势。这说明，子女继承对华北平原粮食种植户扩大土地规模决策的正向作用不是不限制的，现有种植面积越大，即使有子女继承长期目标，囿于现有种植面积的限制，做出扩张土地规模决策的概率也会下降。

相应地，子女继承对华北平原粮食种植户做出缩小土地规模、现有种植面积保持不变和放弃种植等决策行为的边际效应均在负值范围内显著（图 7-10~图 7-12 分别显示子女继承对粮户缩小土地规模、保持现有种植面积不变和不再种植三种决策行为的边际效应及对应的相伴概率图）。即对于现有面积在一定区间内的华北平原粮食种植户，有子女继承长期目标的促使其做出缩小土地规模、保持现有种植面积不变和不再种植决策行为的概率将减少。

综合子女继承对粮户四种土地规模决策行为的边际效应图（见图 7-10~图 7-12）可以发现，华北平原粮食种植户的子女继承长期目标仅对其土地

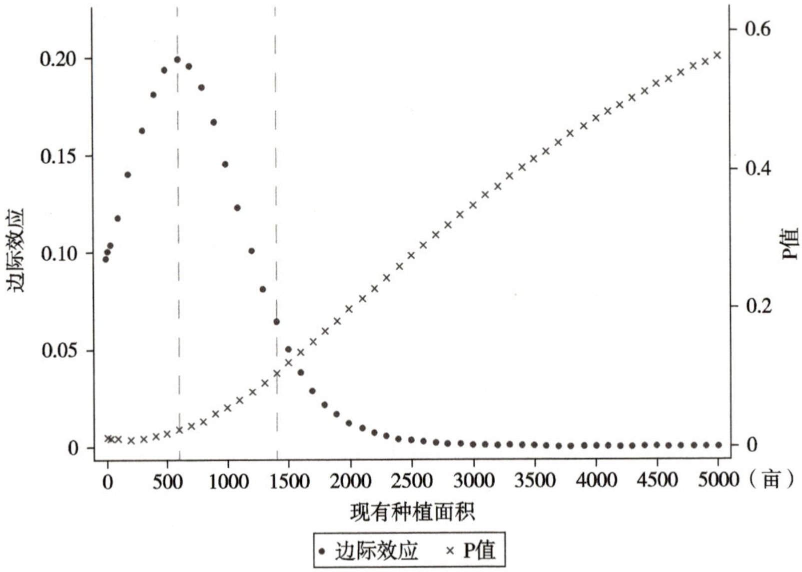

图 7-9　子女继承对粮户扩大土地规模决策行为的边际效应

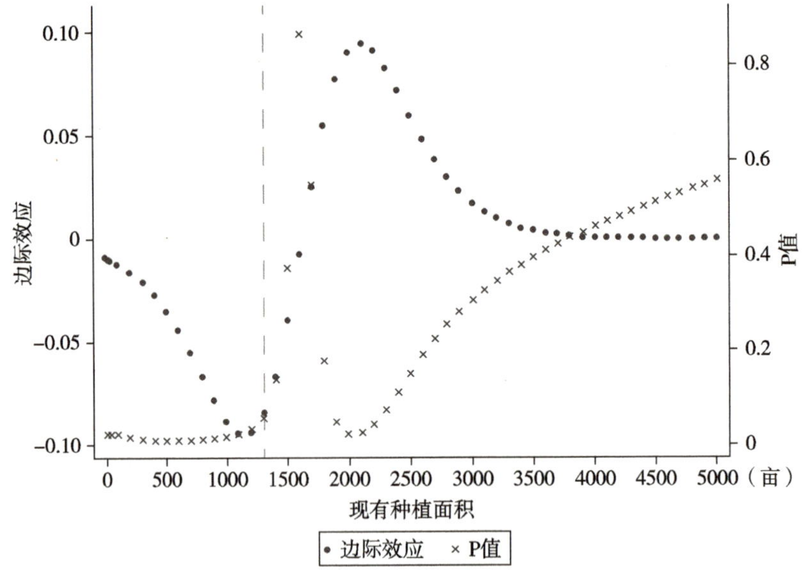

图 7-10　子女继承对粮户缩小土地规模决策行为的边际效应

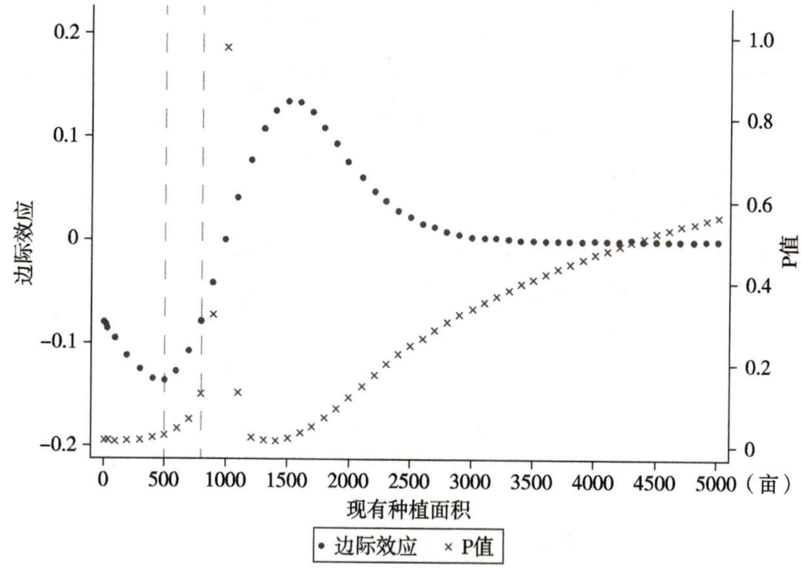

图 7-11 子女继承对粮户土地规模保持不变决策行为的边际效应

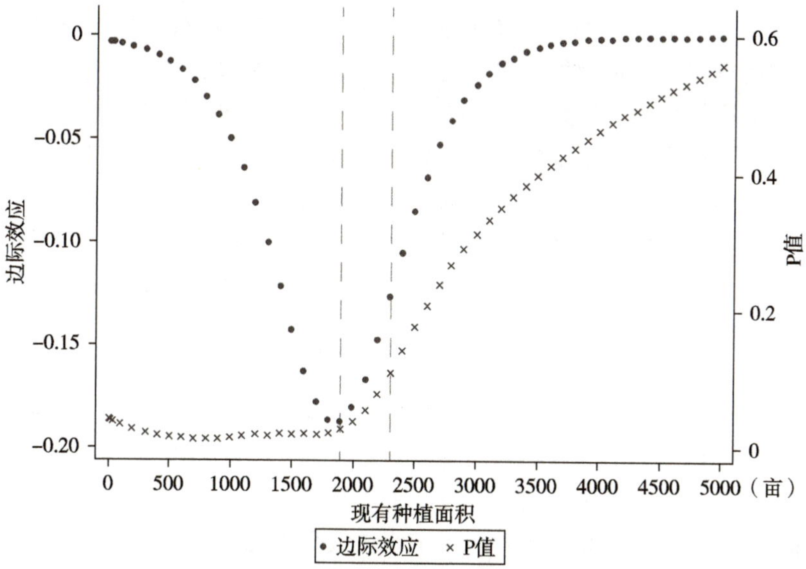

图 7-12 子女继承对粮户不再种植决策行为的边际效应

规模扩张决策起正向促进作用，对其缩小土地规模、保持现有种植面积不变和放弃种植三种决策行为均是负向抑制作用。再次说明，在意愿规模等条件一定时，子女继承是华北平原粮食种植户土地规模扩张的重要内生驱动因素。且随着现有种植面积的增加，这种内生驱动作用呈先增加后减少趋势，这意味着华北平原粮食种植户即使有子女继承长期目标，但仍兼顾现有种植面积的理性决策行为。

其他重要因素对粮户土地规模扩张决策行为的实证结果分析

根据第 3 章对样本数据的统计描述发现，华北平原粮食种植户的土地规模扩张行为较为突出，本书也重在刻画华北平原粮食种植户的土地规模扩张决策行为。因解释变量较多，这里仅描述其他重要因素对粮户土地规模扩张决策行为的边际效应，其他重要因素对粮户缩小土地规模、现有种植面积保持不变和放弃种植三种决策行为的边际效应见附录中附图 1 ~ 附图 6。

图 7-13 是现有种植面积对粮户土地规模扩张决策行为的边际效应及对应的相伴概率图。图 7-13 显示，现有种植面积对华北平原粮食种植户土地规模扩张决策行为的边际效应均为负值，且对 2500 亩之内粮户的边际效应在 10%的显著性水平下通过显著性检验。对于现有种植面积在 2500 亩之内的华北平原粮食种植户，现有种植面积的增大会减少其做出土地规模扩张的决策行为。但是，在 2500 亩之内的粮户，现有面积对其规模扩张决策的抑制作用并非呈线性趋势，而是呈现先增加后减少的“U”型曲线趋势。也就是说，现有粮食种植面积在 500 亩以内时，现有粮食种植面积越大，现有种植面积抑制粮户做出规模扩张决策的作用越大；现有粮食种植面积大于 500 亩之后，现有种植面积对粮户土地规模扩张决策行为的负向抑制逐步减少并趋向于零。

总之，现有粮食种植面积对粮户土地规模扩张决策的负向边际效应说明了华北平原粮食种植户在土地规模扩张决策行为上的合理性。边际效应显著性范围内，相对大规模粮食种植户较相对小规模粮食种植户在土地规模扩张决策行为上表现出对现有种植面积的迟钝性，说明现有种植面积不是抑制相对大规模粮食种植户规模扩张决策行为的主要驱动因素。

图 7-14 是纯粮作经营对粮户土地规模扩张决策行为的边际效应及对应的相伴概率图。图 7-14 边际效应曲线显示，纯粮作经营对华北平原粮食种植户土地规模扩张决策的边际效应均为负值，且随着现有种植面积的

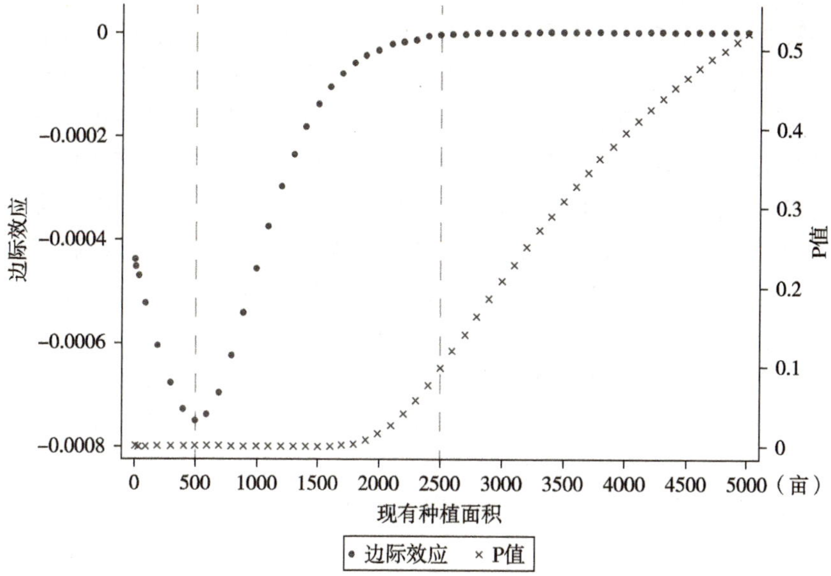

图 7-13　现有种植面积对粮户扩大土地规模决策行为的边际效应

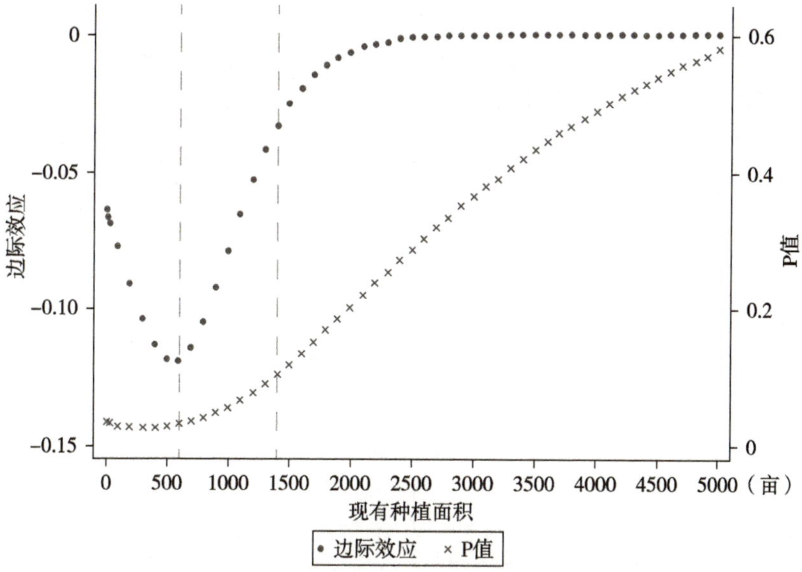

图 7-14　纯粮作对粮户扩大土地规模决策行为的边际效应

扩大，边际效应趋于零；但相伴概率曲线显示，纯粮作经营对粮户规模扩张决策的边际效应对现有种植面积在1400亩之内的粮户在10%的显著性水平下显著，超过1400亩之后，纯粮作经营对粮户土地规模扩张决策的边际效应不显著。对于1400亩之内的粮食种植户，纯粮作经营对粮户土地规模扩张决策的边际效应随着粮户现有种植面积的扩大呈“U”型曲线关系。现有粮食种植面积在600亩之内的粮户，纯粮作对其土地规模扩张决策的负向边际效应随着现有种植面积的增加逐渐增大；而对大于600亩的粮户，随着现有种植面积的逐渐增加，纯粮作对其规模扩张决策的负向抑制作用越来越小。

总之，从是否纯粮作经营对粮户土地规模扩张决策的负向边际效应来看，“冬小麦+夏季纯粮食作物”的纯粮作经营方式相对“冬小麦+夏季去粮化”经营方式在扩张土地规模决策上缺乏积极性。最大的原因是纯粮作经营的收益小于去粮化经营，所以农业补贴政策需要向粮食大规模经营主体倾斜。

7.3.3 实证分析总结

在粮户土地规模决策行为实证模型中加入粮户意愿规模解释变量，以进一步探讨华北平原粮食种植户土地规模意愿在土地规模决策行为中的作用及控制意愿规模后粮户规模决策行为逻辑，并实现发掘华北平原粮食种植户土地规模决策行为规律的最终目的。通过实证分析得出以下结论：

第一，意愿规模对粮户的土地规模决策行为的影响通过1%的显著性水平检验。因此，华北平原粮食种植户的意愿土地规模影响后续的土地规模决策行为。具体影响机理为，2500亩之内粮食种植户的土地规模扩张决策行为反映了前期的规模意愿，但对于500亩之内的粮户，意愿规模对其后续规模扩张决策的驱动作用与现有种植面积成正比，500~2500亩的粮户由于现有种植面积的限制，意愿规模对其规模扩张决策的正向激励作用随着现有种植面积的增加而减小。相反，华北平原粮食种植户意愿规模对缩小规模、保持不变和放弃耕种三种土地规模决策行为均起负向抑制作用，且这种负向抑制作用几乎局限于相对小规模粮户。总之，华北平原意愿土地规模对其规模决策行为的影响作用可概括为：华北平原相对小规模粮食种植户其土地规模扩张、缩小、保持不变和放弃种植四种规模决策行为均在一定程度上反映了前期的土地规模意愿，即意愿规模增加提高粮户做出扩张土地规模决策的概率，减少其做出缩小种植面积、保持种植面积不变或“弃耕”决策行为的概率；囿于现有种植面积，相对大规模粮食种植户意愿土地规模的增大对其土地规模扩张、缩小、保持不变和放弃种植四种规模决策行为均不起作用。

第二，在控制土地意愿规模条件下，全年作物净收益增加，华北平原现有种植面积在2000亩之内的粮食种植户土地规模扩张决策行为的概率增大。具体到2000亩之内的粮食种植户，全年作物净收益增加，促使500亩之内的粮户下一步扩大现有种植面积的决策概率随着现有种植面积的增加而增加，促使500~2000亩的粮户下一步扩大土地规模决策的概率也增大，但促进作用随着现有种植面积的增大而减小。作物净收益对华北平原粮食种植户缩小现有种植面积和不再种植两种决策的边际效应均为负向抑制作用，对保持不变决策的边际效应由相对小规模粮户到相对大规模粮户经历由负值到正值的变化。作物净收益增加对超过2000亩粮户规模决策行为无效。总之，华北平原粮食种植户土地规模扩张、缩小、保持不变或放弃种植四种规模决策行为对规模经营范围内全年两季作物净收益的反映恰恰刻画出华北平原粮食规模经营户遵循土地规模经济效益且兼顾现有种植面积的理性土地规模决策行为。

第三，在控制土地意愿规模条件下，子女继承长期目标对华北平原粮食种植户土地规模扩张决策起正向促进作用，对缩小土地规模、保持现有种植面积不变和放弃种植三种决策行为均是负向抑制作用。这再次印证了子女继承长期目标是华北平原粮食种植户土地规模扩张的重要内生驱动因素。而且，这种内生驱动作用在显著性范围内随着现有种植面积的增加呈现先增加后减少的趋势，现有种植面积超过一定范围后子女继承长期目标对粮食土地规模扩张决策的驱动作用失效，这意味着华北平原粮食种植户即使有子女继承长期目标，但仍兼顾现有种植面积的土地规模理性决策行为。

第四，在控制意愿规模条件下，现有粮食种植面积对500亩以内粮户做出规模扩张决策的抑制作用随着现有面积的增加而增大，现有种植面积大于500亩之后，现有粮食种植面积对粮户扩张土地规模决策行为的负向抑制逐步减少并最终趋向于零。这说明对于华北平原大规模粮食种植户来说，现有粮食种植面积不是抑制相对大规模粮户土地规模扩张决策的主要驱动因素。

第五，在控制土地意愿规模条件下，纯粮作对华北平原一定规模范围内粮食种植户土地规模扩张决策行为存在负向抑制作用，说明华北平原“冬小麦+夏季纯粮食作物”的纯粮作经营方式相对“冬小麦+夏季去粮化”经营方式的盈利性较差，土地规模扩张决策上缺乏积极性。

第六，不同于第6章的研究结论，意愿规模、作物净收益、子女继承长期目标、现有种植面积和是否纯粮作经营方式均对华北平原相对大规模粮食种植户的土地规模扩张决策失效。因此，控制意愿规模条件下的实证结论仅仅刻画了华北平原相对小规模粮食种植户的土地规模决策行为规律。

7.4 本章小结

本章首先比较第5章和第6章的土地规模意愿机理和土地规模决策行为机理实证研究结论，得出华北平原粮户土地规模意愿和土地规模决策行为机理存在异质性：子女继承长期目标对粮户土地规模意愿和决策行为都存在正向激励作用；“冬季小麦+夏季纯粮食作物”经营户较“冬季小麦+夏季去粮化”经营户在扩大土地规模意愿和决策行为上表现出较弱的积极性；规模经营负责人年龄越大，扩大土地规模的意愿和决策越弱小；粮食规模经营主体采用的生产技术种类数对土地规模扩张意愿和决策行为均表现为负向作用等。当然，华北平原粮户土地规模意愿和决策行为机理存在的差异性更引人注目：亩均净收益和资金缺口在粮户土地规模决策行为中分别是正向激励和负向抑制作用，而在土地规模意愿中均未显示出其显著性，现有种植面积和政府补贴对粮户规模意愿均表现出正向促进作用，但在其规模决策行为中未表现出显著性，这些都反映出华北平原粮食规模种植户在土地规模意愿上不顾资金缺口的羁绊、现有种植面积现状和作物净收益的约束，追求政府补贴，而在土地规模决策行为上又顾忌资金缺口风险、兼顾现有土地规模、依照规模经营效益的理想决策行为。即华北平原粮食种植户表现为土地规模“意愿盲目”和“决策理性”的悖论现象。

考虑到分别考察土地规模意愿和决策行为时，出现“意愿盲目”和

“决策理性”的悖论，本章把土地意愿规模加入到土地规模决策模型中，以进一步考量在控制意愿规模条件下华北平原粮食种植户的土地规模决策行为。得到的主要结论为：

第一，华北平原相对小规模粮食种植户的土地规模意愿影响其下一步对土地规模扩张、缩小、保持不变和放弃种植四种规模决策行为。具体影响性质为，意愿规模增加提高粮户做出扩张土地规模决策的概率，减少其做出缩小种植面积、保持种植面积不变或“弃耕”决策行为的概率；相对大规模粮食种植户意愿土地规模的增大对其土地规模扩张、缩小、保持不变和放弃种植四种规模决策行为均不起作用。

第二，在控制土地意愿规模条件下，全年作物净收益对土地规模决策行为的影响为：全年作物净收益增加，使500亩之内的粮户扩大现有种植面积的决策概率随着现有种植面积的增加而增加，使500~2000亩的粮户扩大土地规模决策的概率也增大，但促进作用随着现有种植面积的增大而减小。作物净收益对粮户缩小现有种植面积和不再种植两种决策的边际效应均为负向抑制作用。对保持不变决策的边际效应由相对小规模粮户到相对大规模粮户经历由负值到正值的变化。作物净收益增加对超过2000亩粮户规模决策行为无效。粮户土地规模扩张、缩小、保持不变或放弃种植四种规模决策行为对全年作物净收益的反映刻画出华北平原粮食规模经营户遵循土地规模经济效益且兼顾现有种植面积的理性土地规模决策行为。

第三，在控制土地意愿规模条件下，子女继承长期目标对华北平原粮食种植户土地规模扩张决策起正向促进作用，对缩小土地规模、保持现有种植面积不变和放弃种植三种决策行为均是负向抑制作用。而且，当现有种植面积超过一定范围后子女继承长期目标对粮食土地规模扩张决策的驱动作用失效，这意味着华北平原粮食种植户即使有子女继承长期目标，但仍兼顾现有种植面积的土地规模理性决策行为。

第四，在控制土地意愿规模条件下，现有粮食种植面积对500亩以内的粮户做出规模扩张决策的抑制作用随着现有种植面积的增加而增大，大于500亩之后，现有粮食种植面积对粮户扩张土地规模决策行为的负向抑制逐步减少并最终趋向于零。

第五，在控制土地意愿规模条件下，是否纯粮作对华北平原一定规模范围内粮食种植户土地规模扩张决策行为存在负向抑制作用，说明华北平原“冬小麦+夏季纯粮食作物”的纯粮作经营方式相对“冬小麦+夏季非纯粮食作物”的去粮化经营方式的盈利性较差，土地规模扩张决策缺乏积极性。

第六，意愿规模、作物净收益、子女继承长期目标、现有种植面积和是否纯粮作经营均对华北平原相对大规模粮食种植户的土地规模扩张决策失效。因此，在控制意愿规模条件下的实证结论仅仅刻画了华北平原相对小规模粮食种植户的土地规模决策行为规律。

总之，在控制土地意愿规模条件下，华北平原相对小规模粮食种植户土地规模扩张决策兼顾现有种植面积的现状，在其规模意愿、子女继承长期目标的正向激励作用下寻求规模经济效益，同时由于种粮效益的差异，纯粮作经营户较去粮化经营户缺乏规模扩张的动力。

8

华北平原粮食规模经营政策扶持机制研究

2015年，中国粮食实现12连增，达到6.21亿吨，与此同时，国内外粮食价格倒挂，形成粮食产量、库存量和进口量“三量齐增”的现象。这一方面说明中国粮食供给已从紧平衡转化为部分品种阶段性过剩状态；另一方面凸显出中国重要农产品临时收储等价格支持政策的种种弊端：政策性收储库存增加，财政压力加大；国内外价格倒挂且差距持续扩大；粮食品种供需不平衡等。这恰恰说明了合理完善粮食价格支持政策对转变农业发展方式、优化农业生产结构、提高资源配置效率的重要性。当前经济全球化背景下，国内农产品价格极易受到国际价格的冲击，国内计划生育政策改变导致总人口增长、城镇化速度的加快和消费结构升级等将不可避免地促使粮食需求量的增加和质的提高（韩长赋，2016）。因此，现阶段着眼于中国经济发展现状、粮食生产情况和经济全球化背景，从资源禀赋、世界贸易组织（WTO）规则等出发，改革价格支持政策势在必行。

中国自2005年启动最低收购价、2008年启动临时收储政策以来，价格支持政策切实有效地提高了粮食供给、稳定了粮食价格、保护了主产区种粮户的基本利益，是中国农业支持保护体系的基石（刘超和朱满德，2015）。根据WTO规则，价格支持政策属严重扭曲市场的“黄箱”政策，应限制使用，目的是让农产品价格回归市场，农民面临市场价格风险。在目前中国农业进入高成本时代，农民增收面临更大挑战和压力的情况下，改革价格支持政策的核心问题是：如何掌握价格改革的力度和深度以适合现阶段国内外环境及中国农民承受风险的能力？什么样的补贴形式既能减轻对市场的干预程度又能在一定程度上保护农户收入不受损失？美国1933年最早启用价格支持政策等农业补贴工具，经历了80多年的不断调整演化，至今一方面绕过WTO规则，仍使用一定的价格支持政策，另一方面平衡国内外价格关系，保证美国农产品在国际贸易中的竞争优势。美国自1996年农业贸易顺差以来，2014年出口又创下1255亿美元的历史新高，2013~2014年出口总值为6750亿美元，2013年和2014年美国农业现金收入均超过4000亿美元，农业成为美国经济低迷时期的一大亮点。① 因此，研究美国农业补贴政策在不同发展阶段对价格支持的调整使用情况，对中国以市场调节为导向改革价格支持政策具有借鉴意义。

8.1 美国农业补贴政策经验与启示

8.1.1 美国农业补贴政策的发展阶段

经济合作与发展组织（OECD）把农业补贴分为对农业生产者的补贴（包括市场价格支持、直接补贴）和对整个农业部门的一般服务支持，把直接补贴分为与当期农产品产量、价格、种植面积、动物数量、投入品使用、农户经营收入等挂钩的直接补贴，以及与此类不挂钩的直接补贴（程国强，2009）。《农业协定》根据对市场和贸易的扭曲程度将农业国内支持措施分为“绿箱”“黄箱”政策。价格支持属典型的“黄箱”政策，受WTO规则约束。本书根据农业补贴中价格支持、直接补贴和一般服务支持政策的不同侧重程度，把美国农业补贴政策的演变过程划分为以下三个阶段：

第一阶段，以价格补贴为主导的农业补贴政策阶段。早在20世纪30年代的新政时期，美国就通过一系列农业立法给予农场主各种优惠，通过价格支持和生产控制等方式来缓解农产品过剩问题，保证农业稳定发展。“二战”后，美国政府对农业生产和流通领域的干预进一步加强，政府对小麦、玉米等多数粮食作物以及棉花、羊毛、牛奶等农畜产品长期实行价格支持政策。此阶段，美国通过长期稳定的典型价格支持形式保证农业生产的平稳增长。

① The Office of Budget and Program Analysis. FY2016 USDA Budget Summary and Annual Performance Plan [EB/OL]. http://www.obpa.usda.gov/budsum/fy16budsum.pdf.

第二阶段，直接补贴比例不断提高的农业补贴政策阶段。20 世纪 80 年代，美国农产品供需矛盾得到解决，而粮食过剩问题日益突出。与此同时，国内价格支持政策衍生的农产品贸易保护政策严重扭曲了国际农产品贸易，世界农产品市场贸易摩擦也日益严重。在国际规则约束和国内改革需求的共同推动下，从 20 世纪 90 年代起，美国开始对农业补贴政策进行改革，减少了在生产领域和价格领域对主要农产品进行补贴的政策，开始向以市场化为导向的农业补贴政策转变。此阶段美国农业补贴政策主要包括农产品补贴政策、资源保护补贴政策、农作物保险和灾害保险政策四大部分。其中，农产品补贴政策包括：固定直接支付（DP），反周期补贴（CCP），农作物平均收入选择方案（ACRE），农产品营销援助贷款、贷款差额补贴（LDP），对糖的国内价格支持政策、市场分配政策、关税配额和其他贸易措施、再出口政策等，以及包括价格支持、国家乳制品市场损失支付补贴等的乳品业补贴政策。

此阶段，对糖和乳制品的价格支持政策属典型的价格支持形式，而重要的价格支持工具——营销援助贷款和贷款差额补贴已演变为挂钩的直接补贴。各项补贴的历年支出金额如表 8-1 所示。

从各项补贴历年支出金额可以看出，此阶段美国直接补贴比例不断增加。特别是固定直接支付，2002~2013 年，固定直接支付补贴约 538 亿美元，占整个农业补贴的 27%。而 1995~2014 年，贷款差额补贴超过 307.5 亿美元，约占整个农业补贴的 10%，说明价格支持仍是此阶段美国农业补贴的主要工具。反周期补贴基于农产品当期价格，具有价格支持的特点，1995~2014 年，补贴资金约为整个农业补贴的 5%，说明反周期补贴也是美国农产品补贴的重要项目。农作物平均收入选择方案历来被认为是应对高价格水平下的收入支持措施（农业部考察团，2009；朱满德，2014），2009~2014 年，补贴额超过农业总补贴的 3%，是农场主从传统的商品补贴项目中得到价格支持的替代选择（杨建利和邢娇阳，2010）。1995~2014 年，包括农作物产量和收入保险的农作物保险补贴达 67.56 亿美元，占整个农业补贴的 20%，说明美国为保护农场主收益，一向注重农作物保险项目。

表 8-1　美国历年主要补贴项目资金支出

单位：百万美元

	资源保护补贴	自然灾害补贴	农作物保险补贴	农产品补贴	农产品补贴项目					农业补贴总额	固定直接支付占总补贴的比重（%）
					固定直接支付	反周期补贴	农作物平均收入选择方案	营销贷款收益	贷款差额补贴		
1995	1904	658	889	4680				43	5	8132	
1996	1804	148	982	5322				0	0	8256	
1997	1733	106	903	5616				0	0	8358	
1998	1548	42	946	10767				171	1783	13304	
1999	1584	2264	1392	17724				896	5919	22964	
2000	1731	1436	1348	20225				1111	6476	24740	
2001	1946	2405	1774	18122				704	5509	24247	
2002	1991	1359	1741	8978	367	203		460	1296	14068	2. 6
2003	2021	2951	2042	11102	6701	2301		198	576	18116	37. 0
2004	2084	547	2477	10234	5240	1122		131	2865	15342	34. 2
2005	2642	3074	2344	16250	5196	4074		369	5081	24309	21. 4
2006	2961	166	2682	11226	5100	4046		188	760	17035	29. 9
2007	3011	462	3823	7134	5072	1130		6	57	14431	35. 1

续表

	资源保护补贴	自然灾害补贴	农作物保险补贴	农产品补贴	农产品补贴项目					农业补贴总额	固定直接支付占总补贴的比重（%）
					固定直接支付	反周期补贴	农作物平均收入选择方案	营销贷款收益	贷款差额补贴		
2008	3068	2064	5691	6209	5120	714		1	86	17032	30.1
2009	2899	246	5427	7750	4268	1170	469	16	158	16322	26.1
2010	2229	2533	4711	5891	4310	209	933	2	115	15365	28.1
2011	1925	1215	7666	5037	4226	17	520	0	6	15858	27.0
2012	1804	795	7090	5326	4125	-1	534	0	0.1	15016	27.7
2013	1872	1886	7426	4974	4078	0	466	0	0.2	16068	25.4
2014	1787	4636	6208	1121	34	0	258	31	59	13752	0.2
总计	42455	28993	67564	183694	53838	14984	3180	4328	30751	322715	16.7

资料来源：美国环境工作组农业补贴数据库。

第三阶段，也即现阶段，取消固定直接支付，进入依赖价格和收入双重保险的新补贴阶段。美国对农业每年过百亿的巨额补贴政策，违背了联合国与 WTO 一贯倡导的公平贸易与反国家补贴原则、抑制了发展中国家的农业发展与农业产业结构升级并严重扭曲国际粮食贸易，从而受到国际组织和其他发展中国家的异议和压力，比如巴西和美国的棉花补贴诉讼争端等。美国国内：一方面，近年来美国财政赤字状况较为严重，而美国农场主收入不断提高；另一方面，农业补贴资金投入分配不公，遗漏了弱势农户对政府农业资助的需求。美国绝大部分农场主得不到联邦政府的农业补贴，只有少数最大的农场主得到农业补贴的大部分资金，小规模经营农场主得到极少数的农业补贴，而肉、水果和蔬菜生产者除了能得到自然灾害保险补贴外，几乎得不到任何其他补贴。① 例如，1996 年以来每年约 50 亿美元的固定直接支付，导致土地租金的大幅提高，阻止了小农户扩大土地或新农户获得土地，进而导致美国农业补贴的大部分资金流向富有的大农户，而相对贫困的小农户却因不具备申请条件而无法通过法案获益，变得更加贫困和弱势。由农产品补贴支出金额分布情况（见表 8-2）可知，1995~2014 年，获得农产品补贴最多的前 3%的农户得到总农产品补贴的 47%，将近一半；而前 10%的农户得到 77%；前 20%的农户得到 91%；剩下 80%的绝大部分农户仅得到全部资金的 9%。1995~2014 年，大部分农场平均每户只获得 7000 美元的农产品补贴，而前 1%农场户均是它的 225 倍多，前 10%是它的 67 倍多，前 20%是它的将近 40 倍。因此，美国 2014 年农业法案取消直接固定支付，新建针对新农场主、小农场主的贷款等支持政策。为避免棉花补贴引起的争端，享受反周期补贴的农产品中不再包含陆地棉，并为陆地棉生产者制定了新的保险补贴项目“累计收入保护计划”（STAX）（李登旺等，2015）。并用价格损失保障（PLC）代替反周期支付、农业风险保障（ARC）代替农作物平均收入选择方案，建立补充保障选择计划（SCO ）进入依赖价格和收入双重保险的新补贴阶段。

① 美国环境工作组农业补贴前言，见 https：//farm. ewg. org/subsidyprimer. php。

表 8-2 1995~2014 年美国农产品补贴支出金额分布

获得补贴户排名	1%	2%	3%	4%	5%	6%	7%	8%	9%	10%	11%
获得资金占总补贴资金比例	26%	38%	47%	54%	59%	64%	68%	71%	74%	77%	79%
户均获得补贴（千美元）	1577	1158	953	822	728	655	596	548	507	472	441
获得补贴户排名	12%	13%	14%	15%	16%	17%	18%	19%	20%	剩余 80%	
获得资金占总补贴资金比例	81%	83%	84%	86%	87%	88%	89%	90%	91%	9%	
户均获得补贴（千美元）	414	391	369	350	333	317	303	290	278	7	

资料来源：美国环境工作组农业补贴数据库。

8.1.2 美国农业补贴发展过程中价格支持政策的演化路径

8.1.2.1 价格支持政策在形式上的演化路径

典型的价格支持政策在美国农业补贴的第一阶段中占主导地位。在第二阶段开始建立目标价格补贴工具，营销贷款和贷款差额补贴是此阶段主要的价格支持政策，属于挂钩的直接补贴形式，仍是此时期农业补贴的重要形式；具有价格支持特点的反周期补贴和收入补贴项目平均农作物收入选择方案等挂钩补贴也在第二阶段陆续建成。也就是说，第二阶段，主要的价格支持政策已由典型的价格支持形式转变为挂钩的直接补贴。第三阶段，也即现阶段，价格支持形式进一步向挂钩的直接补贴转变。与第二阶段相比，乳制品价格支持也转变为挂钩的直接补贴形式——乳制品利润保障补贴（MPP），主要的价格支持政策——营销贷款补贴和贷款差额补贴仍然使用。目前，美国农业部网站公布的价格支持政策有：包括营销援助贷款、贷款差额补贴、农场储存设施贷款和糖储存设施贷款的农业贷款项目，包括乳品生产融资保证金保护计划和补偿运输费用支付计划的市场损失援助项目。[①] 此外，现阶段仍保留反周期补贴和平均农作物收入选择法案，分别改名为价格损失保障和农业风险保障。

8.1.2.2 价格支持政策在内容上的演化路径

在形式上，美国价格支持政策从典型形式转向挂钩的直接补贴，在内容上从专注“价格”风险到注重“价格”和“收入”的双重保护，即从简单的“价格”支持向“稳定价格”和“保证收入”的间接功能性补贴转移。伴随着功能性转移过程，价格补贴向“绿箱”趋势发展，体现在两个方面：第一，对部分农产品的保护由单纯的价格支持转向收入或利润的风险保障。例如，对陆地棉的保护，由反周期补贴项目变为农作物风险保障项目——累计收入保护计划；对乳制品的保护由价格支持补贴转向利润保险项目——乳制品利润保障补贴[②]（韩一军和徐锐钊，2014）和类似于

---

① 见美国农业部网站，http：//www. fsa. usda. gov/programs-and-services/price-support/initiatives/index。

② 当牛奶价格和饲料成本之差低于实际平均乳制品利润时政府补贴生产者。

政府转移支付项目的乳制品捐赠补贴（DPDP）[①]（Chite，2014）。第二，补贴机制上更加体现市场作用，并趋于脱钩化处理。例如，如表 8-3 所示，反周期补贴和价格损失保障的补贴金额计算公式相同，即补贴金额=支付率×单产×85%×基期面积。但在具体设计机制上存在区别：目标价格由原来的直接设定转变为只有长粒米、中粒米和花生等少数品种是直接设为固定的，其他品种根据最近 5 年市场均值确定，部分减弱了价格损失保障中政府的直接干预成分；两项补贴在单产和面积指标上与基期指标挂钩，只是价格损失保障的基期指标更为灵活，这种不与当期挂钩的设计技巧既降低了实际操作的难度，又使补贴项目趋于脱钩化转变。

表 8-3　反周期补贴和价格损失保障补贴设计机制上的异同

	反周期补贴	价格损失保障
补贴金额	补贴金额=支付率×单产×85%×基期面积	
支付率	目标价格 ——全国平均市场价格或贷款率中的较大者 ——直接支付率	目标价格 ——全国 12 个月平均市场价格
目标价格	固定（大部分产品）	长粒米、中粒米和花生：固定 其他：55%×最近 5 年平均价格（去掉最高和最低年）
单产	基于 1998~2001 年平均单产水平	基于 1998~2001 年平均单产水平 或基于 2008~2012 年平均单产水平的 90%
基期面积	2008 年农业法执行期间农场登记的基础面积	2008 年农业法执行期间农场登记的基础面积 或按照 2009~2012 年农场种植情况进行产品间的比例调整，但不能超过 2013 年 9 月 30 日计算的基础总面积

资料来源：Chite R M. The 2014 Farm Bill（PL 113-79）：Summary and Side-by-Side [J]. CRS Report，2014：43076；Act A. One Hundred Thirteenth Congress of the United States of America [Z]. 2014.

---

① 牛奶价格与饲料价格之差低于最低保障利润的时候，政府以市场价格购买乳制品，再捐赠给营养项目。

8.1.2.3　价格支持政策演化进程中，对农产品保护力度的变化

实际上，现阶段美国对稳定农产品价格、增加农场主收入的支持保护力度并没有减弱，只是采用的形式有所改变，采用基于价格和收入的目标对农作物提供收入补贴①，采用基于价格或收益的方式提供农作物风险保障②。就农产品补贴项目来说，继续使用营销援助贷款和贷款差额补贴；建立价格损失保障和农业风险保障分别代替反周期补贴和农作物平均收入选择方案，在《2014 农业法案》中，这两项补贴预计达到整个农业直接补贴的将近 2/3③。农产品补贴其他项目中，补充农业自然灾害保障的 5 项补贴中取消了补充收入保障补贴（SURE），但在农作物保险项目里新增基于价格或收益的补充保险项目（SCO）、针对高地棉的累计收入保护计划、未保险农作物保险补贴（NAP）等保险项目；对糖的价格支持等所有补贴项目未作改动；建立基于价格的乳制品利润保障项目（MPP）和乳制品捐赠项目（DPDP）代替乳制品价格支持项目（DPPSP）和乳品收入损失合同项目（MILC），以保证由于价格下跌对农户造成的损失。从主要农业补贴项目的预算支出看（见表 8-4），信贷预算支持未发生改变；农作物保险预算支出增加；因取消了固定直接支付，所以农产品补贴预算支出减少。

表 8-4　2014 年美国农业法主要补贴项目支持增减情况（2015~2023 年）

单位：百万美元

年份	2015	2016	2017	2018	2019	2020	2021	2022	2023
农产品补贴	-3644	-1826	-997	-939	-1502	-1636	-1570	-1671	-1596
农作物保险	74	516	558	678	734	767	774	809	809
环境保护	178	-6	-218	-389	-603	-676	-741	-818	-921
研发	85	116	120	120	113	99	84	80	80

① Economic Research Service. Crop Commodity Programs [EB/OL]. http://ers.usda.gov/agricultural-act-of-2014-highlights-and-implications/crop-commodity-programs.aspx.

② Economic Research Service. Crop Insurance [EB/OL]. http://ers.usda.gov/agricultural-act-of-2014-highlights-and-implications/crop-insurance.aspx.

③ Economic Research Service. 2016 Farm Sector Income Forecast [EB/OL]. http://www.ers.usda.gov/topics/farm-economy/farm-sector-income-finances/2016-farm-sector-income-forecast.aspx.

续表

年份	2015	2016	2017	2018	2019	2020	2021	2022	2023
贸易	16	15	15	15	15	15	15	15	15
信贷	0	0	0	0	0	0	0	0	0
总支出	-3697	-1659	-1005	-1072	-1925	-2187	-2238	-2399	-2446

资料来源：美国国会预算办公室。

综上，美国农业补贴的发展阶段是根据美国国情、美国农业发展阶段和国际规则的变化而做出的调整，主要是直接补贴、价格支持和农业服务支持三项补贴结构比例变化的过程，总体上朝着对整个农业的一般服务支持补贴方向发展。由于自身弊端等原因，普惠式的固定直接补贴由逐渐增加到取消使用。典型的价格支持补贴项目逐渐减少（但从没有被取消），向与当期价格、收入等挂钩的直接补贴项目或农产品保险项目演化。这种演化过程实质上是由直接的价格支持政策向间接的功能性补贴转移。这样既能弱化对市场的扭曲程度，又能稳定价格，保证农户不受损失，还能降低“黄箱”政策的使用量。同时，在补贴对象上，美国农业补贴的侧重点经历了由大农户到小农户的调整。

8.2 中国农业补贴政策经验

与世界其他国家一样，中国农业补贴政策也经历了从价格补贴到直接补贴的变化。自农村改革开始到 2001 年之前是价格支持阶段，更具体地说，1993 年之前的价格支持是通过流通领域间接补贴农民，属“暗补”方式，补贴资金主要用于对农产品的保护性收购、居民消费补贴以及对国有粮棉油收储和加工企业的经营亏损；1993 年建立直接面对粮食生产者的粮食收购保护价格制度，价格支持由“暗补”转为“明补”。21 世纪之后，中国逐步进入工业化中期，具备了较强的工业生产能力和一定的财政实力。“工业反哺农业、城市支持农村”的条件开始成熟，为适应 WTO 农业协议规定，也为解决中国粮食保障政策实施过程中出现的一系列问题，从 2000 年底开始，中国对粮食直补政策进行研究和探索，2002 年在安徽省的天长市和来安县，以及吉林省的东风县三个县（市）进行了试点，2004年在全国粮食主产区全面推行，标志着中国农业政策从价格支持到直接补贴的转折。中国当前一系列农业补贴政策正是在此背景下形成并付诸实施的。

8.2.1 中国农业补贴政策的内容

中国现行农业补贴政策，从2004年开始计算，到目前已经历十多年的发展。本书按照何忠伟、曹暕和罗永华（2012）的分类方法把中国现行农业补贴政策进行整理，如表8-5所示。

表8-5 中国农业补贴政策

收入类直接补贴	粮食直接补贴 农资综合直补
生产投入类补贴	农机购置补贴、生猪补贴、农业保险支持政策、阳光工程、渔业柴油补助政策、海洋渔船更新改造补助政策、培养农村实用人才政策、粮棉油糖高产创建支持政策、振兴奶业支持苜蓿发展政策、农产品产地初加工支持政策、鲜活农产品运输绿色通道政策、生鲜农产品流通环节税费减免政策、培育新型职业农民政策
生产技术推广类补贴政策	测土配方施肥补贴、良种补贴、畜牧良种补贴、苹果套袋补贴、农业防灾减灾稳产增产关键技术良法补助政策、育繁推一体化种子企业支持政策、基层农技推广体系改革与示范县建设政策、土壤有机质提升补助政策
农村公益建设事业补贴	小型农田水利建设补贴、六小工程补贴（包括节水灌溉、人畜饮水、农村沼气、农村水电、乡村道路、草场围栏）、动物防疫补贴政策（包括重大动物疫病强制免疫补助政策、畜禽疫病扑杀补贴政策、基层防疫工作补助政策、屠宰环节病虫猪无害化处理补贴政策）
农民生活补贴政策	家电下乡补贴，汽车摩托车下乡补贴，农村、农垦危房改造政策，以船为家渔民上岸安居工程，开展村庄人居环境整治政策
专项转移支付政策	产粮（油）大县奖励政策、生猪调出大县奖励、国家现代农业示范区建设支持政策、村级公益事业一事一议财政奖补政策
资源和生态补贴政策	退耕还林政策、退牧还草政策、渔民转产及渔业资源保护补贴、草原生态保护补助奖励政策、开展农业资源休养生息试点政策
间接补贴政策	最低收购价政策、临时收储政策、农产品目标价格政策

资料来源：根据何忠伟、曹暕和罗永华（2012）《中国农业补贴政策速查手册》和农业部产业政策与法规司公布的“2014年国家深化农村改革、支持粮食生产、促进农民增收政策措施”整理得到。

从表 8-5 中可以看出，中国农业补贴内容不断丰富，包括收入直接补贴、生产投入类补贴、技术推广类补贴、农村公益事业、农民生活补贴、政府专项转移支付、生态环境保护及间接补贴。补贴内容具体涉及粮食种植业、畜牧业、渔业、林业，从价格补贴、农机具补贴、金融保险支持到产业支持、土地的可持续生态保护、技术支持和规模化、产业化、标准化等现代农业的鼓励发展政策。在中国农业补贴政策中具有代表性的是对种粮户直接补贴、农资综合补贴、良种补贴、农机具购置补贴，即通称的“四补贴”政策，及提高小麦、水稻最低收购价政策。下面以“四补贴”和最低收购价政策为代表分析中国农业补贴的补贴力度。

8.2.2 中国农业补贴政策的补贴力度

在补贴力度上，近年来中国不断加大补贴资金投入量，例如，农业“四补”是中国农业补贴的典型代表，其历年补贴数据如表 8-6 所示。

表 8-6 中国农业“四补”情况

年份	粮食直补（亿元）	农资综合补贴（亿元）	农机购置补贴（亿元）	良种补贴（亿元）	“四补”总额（亿元）	农村居民年人均纯收入（元）	年末农村人口数（万人）	“四补”资金占农民人均纯收入比重（%）
2004	116		0.7	28.5	145.2	2936.4	75705	0.7
2005	132		3	37.52	172.52	3254.93	74544	0.7
2006	142	120	6	40.2	308.2	3587.04	73160	1.2
2007	151	276	20	66.6	513.6	4140.36	71496	1.7
2008	151	716	40	120.7	1027.7	4760.62	70399	3.1
2009	151	795	130	198.5	1274.5	5153.17	68938	3.6
2010	151	835	154.9	204	1344.9	5919.01	67113	3.4
2011	151	860	175	220	1406	6977.29	65656	3.1
2012	151	1078	200	224	1653	7916.58	64222	3.3
2013	151	1106.5	217.5	226	1700.55	8895.91	62961	3.0

资料来源：“四补”数据来源于国家财政部，农村居民人均纯收入和农村人口数来自中经网。

"四补"资金规模从2002年的1亿元[①]增加到2013年的1701亿元，11年累计补贴9546亿元。其中，2007年以后，中央财政每年粮食直接补贴资金为151亿元，其他三项补贴每年呈递增趋势。2008年以来，中国连续提高粮食最低收购价格（数据见表8-7），白小麦、红小麦、混合麦分别从2006年的每斤0.72元、0.69元、0.69元提高至2014年的1.18元、1.18元、1.18元，分别增长63.9%、71%、71%；早籼稻、中晚籼稻和粳稻分别从2005年的每斤0.7元、0.72元、0.75元提高到2014年的1.35元、1.38元、1.55元，增长92.9%、91.7%、106.7%。这些对保护农民利益，促进粮食稳定生产、保障国家粮食安全等发挥了极其重要的作用。

表8-7　中国粮食最低收购价格

单位：元/斤

年份	小麦（三等）			稻谷（三等）		
	白小麦	红小麦	混合麦	早籼稻	中晚籼稻	粳稻
2005				0.7	0.72	0.75
2006	0.72	0.69	0.69	0.7	0.72	0.75
2007	0.72	0.69	0.69	0.7	0.72	0.75
2008	0.77	0.72	0.72	0.77	0.79	0.82
2009	0.87	0.83	0.83	0.9	0.92	0.95
2010	0.9	0.86	0.86	0.93	0.97	1.05
2011	0.95	0.93	0.93	1.02	1.07	1.28
2012	1.02	1.02	1.02	1.2	1.25	1.4
2013	1.12	1.12	1.12	1.32	1.35	1.5
2014	1.18	1.18	1.18	1.35	1.38	1.55

资料来源：国家农业部。

8.2.3　中国农业补贴政策的实施成效

中国农业补贴不断完善的过程，一方面体现了中国政府"要把13亿

① 2002年和2003年中国仅实施了1亿元和3亿元的良种补贴。

中国人的饭碗牢牢端在自己手中”的决心和努力，另一方面体现了中国正在通过科技、政策等创新，积极探索农业现代化与可持续发展之路。而且，农业补贴政策的实施，已经在保障粮食等主要农产品有效供给、降低农民成本、促进农民持续增收方面发挥了重要作用。

（1）稳定了粮食生产。农作物良种补贴和农资综合补贴是政府通过介入农产品或生产资料市场，利用价格杠杆，或以直接支付的方式为农民减负，降低农户生产成本。粮食最低收购价格让农民更加放心地进行粮食生产，粮食播种面积稳定增长，2013 年全国粮食播种面积 111951.4 千公顷，比 2012 年增加了 746.8 千公顷，增长 0.7%。粮食产量自 2004 年以来连年增长，2013 年，中国粮食产量首次突破 6 亿吨，总产量达到 12039 亿斤，比上年增产了 247 亿斤，比 2003 年产量增加了 3425 亿斤，实现了连续 10 年增产。按 2013 年末全国人口数计算，人均粮食占有量上升到 442 公斤。

（2）促进了农业机械化规模化生产。农机购置补贴政策推动农机总量较快增长和结构持续优化，有力提升了农业技术装备水平。2013 年全国农机总动力超过 10.6 亿千瓦，农作物耕种收综合机械化水平达 59%以上，农业生产方式实现了由以人畜力为主向机械化作业为主的跨越。同时，农机购置补贴政策推进了农业生产经营体制创新，推动了农业技术集成应用、农业节本增效和土地规模经营，激活了现代农业建设和新农村发展活力，为构建集约化、专业化、组织化、社会化相结合的新型农业经营体系发挥了重要作用。2013 年农机合作社数量达 4.1 万个，增幅连续三年超过 20%。

另外，农业补贴也加快了新品种推广应用，良种覆盖率提高。至 2013 年，全国主要粮食品种良种覆盖率稳定在 96%以上，亩产达到 717 斤，单产提高对粮食增产的贡献率达 68%；农业补贴在一定程度上增加了农户种粮收入，减轻了农民负担，也向农民传达了国家扶持农业、重视农业的积极信息，在一定程度上提高了农户种粮的积极性。

但表 8-6 数据还显示出，近年来“四补”资金占农民纯收入的比重大部分时间为 3%以上，不到 4%，说明农业补贴在一定程度上增加了农民收入，但增加的作用比较有限。

8.2.4 中国农业补贴中存在的不足之处

由于中国实施农业补贴的时间不长，许多问题还在不断探索和完善中，相应地，现有补贴政策从内容到实施过程还存在许多不足之处：第一，补贴结构不合理。[①] 按 WTO《农业协定》，无限制的“绿箱”补贴政策12类，中国仅使用6类（政府一般农业服务支出、国内粮食援助、自然灾害救济、用于粮食安全的公共储备补贴、农业环境保护及落后地区援助补贴）。对贸易产生扭曲的“黄箱”政策，中国承诺是8.5%，目前农业生产资料补贴和粮棉价格支持，两项合计仅有1.4%，大有发挥空间。“蓝箱”政策，总额为农业产值5%内，中国迄今尚未使用。第二，与美国农业补贴由美国农业部负责相比，中国农业补贴的多头管理，使补贴的整个程序复杂烦琐，增加行政成本。比如，农资综合补贴政策制定就涉及财政部、发展改革委、农业部、国务院等部门，补贴的发放先由县、乡、村，从上到下层层下达、再由下到上层层申报，由此增加了基础行政的工作量。第三，部分补贴加重种养地方财政负担，降低补贴效果。如动物防疫补贴政策、能繁母猪补贴等要求地方财政承担一定比例，这意味着如果种养主产区供给农产品多，除了会大量增加地方基层工作量和行政成本外，地方财政还会有额外的支出，这会抵消补贴效果。第四，补贴力度上尚需加强。与欧盟和美国在其农业产值占国民经济比例为2%左右的情况下，年3000亿美元的农业补贴规模已经经历了长达70多年的发展相比，中国农业人口多，农业补贴更显重要，因此中国农业补贴仅仅属于起步阶段。第五，农业补贴立法缺失。美国具备一系列规范的农业补贴法律法规，且每4~6年修改一次。中国有关农业补贴法律缺失，一般多为《意见》或《暂行办法》等形式。

---

① 根据WTO的规则和中国加入WTO所做出的承诺，中国在农业补贴方面可以享受的权利主要有以下几个方面：第一，“绿箱”政策；第二，不超过8.5%微量许可的“黄箱”政策；第三，不超过5%的“蓝箱”政策；第四，出口信贷。参见何忠伟（2005）。

8.3 国际化背景下粮食规模经营政策扶持机制构建

8.3.1 完善中国农业补贴政策，关注粮食规模经营主体对象

目前，中国价格支持政策改革面临着诸多约束。国内方面：国家财力有限；作为农业人口占多数的13亿人口大国，城乡结构和计生政策的改变，使粮食刚性需求正在增加；而农业成本处于高位，农民增收困难；作为世界贸易组织成员，必须遵循中国“入世”谈判时对农业补贴所做的承诺。国际上，发达国家早期农业补贴的出发点是农产品进出口贸易，目的是提高本国农产品的国际竞争力，也就是说，目前中国面临的是来自经历了足够的补贴哺育的农业生产群体的竞争压力（方松海和王为农，2009）。中国在加入WTO后，实行关税配额管理的农产品与一些单一关税农产品的国内价格基本上都高于国际市场，关税配额内的低关税以及某些单一关税农产品的低税率，都可能引起相应农产品大量涌入国内市场，从而对有关农产品的生产及农民收入产生较大的冲击（马晓河和蓝海涛，2002）。

在国内外现实情况下，现阶段农业补贴的核心目标是：首先，保证粮食供给，特别是大米、小麦基本口粮的稳定供给；其次，在自然灾害频繁和国际化背景下，防范自然灾害和市场冲击风险，稳定价格、保障农民合理收益尤为重要。最后，应体现并引领现阶段调整农业种植结构，推进现代化、规模化种植，提升农产品品质，发展农村金融等改革的方向。

依据农业补贴工具的功能和效果，若以“保供给”为补贴目标，可依次选择价格支持、挂钩的直接补贴；若以“促增收”为重点目标，依次选择脱钩的直接补贴、挂钩的直接补贴与价格支持政策（程国强和朱满德，2012）。调结构、推进农业现代化、规模化是中国现阶段农业发展的现实要求，脱钩的直接补贴将失去其影响效果。综合三个目标和国际规则约束，基于价格或收入的挂钩直接补贴是现阶段乃至今后中国可大量采用的

补贴工具。这与美国价格支持政策的演化路径不谋而合。

基于此改革目标，现阶段内价格支持政策的改革措施是，完善稻谷小麦最低收购价，尽快推进玉米目标价格补贴制度，逐步完善农村金融体系，建立农业自然风险保障、农村信贷补贴项目，使典型的价格支持政策尽量向挂钩的直接补贴、风险保障项目转移。具体建议为：

（1）进一步完善小麦最低收购价政策。口粮安全是首要目标。确保口粮绝对安全是稻谷小麦最低收购价政策的根本目的。同大多数学者观点一致（李国祥，2016；国家发展和改革委员会产业经济与技术经济研究所课题组，2016），本书建议现阶段内仍需继续执行这一政策，但要进一步完善，重点是使政策目标从增产增收转向止损或保本（叶兴庆，2016），把"成本加基本收益"的定价原则改为"成本"或"成本的一定比例"，给粮食价格一个回归市场的空间。把对质量无限制的全部收购改为有限制收购。改进简单的收购粮质量划分标准，比如不能只按水分、杂质、色泽等划分收购粮等级，按农药最大残留限量等食品安全检验标准进一步细分收购粮品质，对不达标粮食不予收购。可强化农民食品安全和环保意识，有效降低农药化肥使用量、提升土壤质量、改善生态环境质量。

（2）完善目标价格补贴制度，并推广到玉米 。玉米临时收储政策是典型的"黄箱"政策，使粮食价格形成机制及市场价格信号被扭曲，一定程度上使粮食市场呈"政策化"趋向。目标价格制度兼顾价格支持和直接补贴的优点，是发达国家从价格支持到直接补贴的过渡期，乃至目前仍在使用的主要挂钩补贴工具，中国 2014 年启动东北和内蒙古大豆、新疆棉花目标价格补贴试点。补贴支付的依据是目标价格与市场价格的差价，以及当年的种植面积、产量或销售量，是完全挂钩直接补贴，仍属"黄箱"政策。可借鉴美国价格损失保障的补贴机制，使中国目标价格补贴变为部分脱钩补贴：第一，用一段时间内的市场价格均值厘定目标价格。按照市场供需状况制度的目标价格体现市场规律，增强农民的市场意识。第二，改变与当期种植面积、产量挂钩的补贴形式，以过去 3~5 年种植面积均值、过去 3~5 年地区单产均值作为计算目标价格补贴的依据，既有效解决当前改革试点中出现的补贴面积难以核实、行政操作成本大的难题（詹琳和蒋和平，2015），又能使目标价格变成部分脱钩补贴。另外，近期内参考玉米收储价格厘定玉米目标价格，逐步向"价补分离"阶段过渡，以免实施目标价格政策后，玉米价格下降快，导致产量下降快，危及国家粮食安全。

(3) 加大农业保险支持力度。在农业生产经营中存在着自然灾害、病虫害等自然风险和市场价格的不确定性，即市场风险。农民对自然风险和市场风险缺乏防范和预测的能力，这在很大程度上增加了农民收入的不确定性。只有提高农民抵御自然风险和市场风险的能力，才能保持农产品在国际市场上的竞争力。最低收购价和目标价格补贴可防范由于价格下降带来的市场风险，自然灾害保险为农民提供因天气、疫病、虫灾等造成的产量下降或收入减少方面的保障，因此，增加自然灾害保险范围，加大自然灾害保险支持力度，对分散农业风险、分摊农民风险损失、保障农民收入、解决农民后顾之忧起到重要作用，也可充分利用“绿箱”政策保障农民收入。

目前，美国可参保的农作物超过 100 种，且各州还有不同的保险计划以及投保作物类别（Chite，2014）。而中国目前受中央财政保险保费补贴的品种只有 15 种，补贴范围狭窄，且保费补贴中存在较大比例的县级保费补贴、总体补贴水平有限等缺点。因此，中国应扩大投保范围；建立基于价格或收入的农业风险保障项目，积极推动开发符合国情的农业保险产品；同时根据中国农业大县、财政小县的普遍现实，降低或取消县级保费补贴比例；政府可通过减税或建立再保险补贴，有效分担和分散商业性保险公司的风险损失。

(4) 加强农业信贷支持力度。农民往往面临现金短缺困境，因此，容易导致农产品刚收获时市场供过于求、价格低迷。美国营销贷款支持的目的是缓解农民资金紧张困境、调整供需平衡、平抑价格波动，其运营机制可追溯至《1986 年农业法案》。中国农民历来都面临“融资难、融资贵”的难题。农民最重要的财产是房产和土地，但从中国目前的信贷程序上讲两者都不能作为有效抵押品。中国可借鉴营销贷款的操作方法，可以把刚收获的农产品作为抵押品，制定针对不同农产品的贷款率。

(5) 农业补贴对象向粮食规模经营主体倾斜。由于美国和中国在经济、社会、农业的发展阶段方面的不同，导致两国在现有农业补贴政策上的不同，而这些不同的农业补贴政策所显露的不合现实的弊端亦不同，最终导致两国农业补贴改革措施的差异。在美国，因农业补贴政策在分配上极不平均的弊端，现阶段美国农业政策开始关注小规模农业生产者的利益。而恰恰相反，中国农业补贴资金零敲碎打、平均用力的做法不适合农业现代化、土地集约化经营的改革趋势。目前，中国农业补贴对象重点向种粮大户、家庭农场、农民合作社等粮食适度规模经营主体倾斜。调整补贴对象为拥有耕地承包权的种地农民，挂钩面积是播种面积，即可体现“谁多种粮食，就优先支持谁”的政策导向。

8.3.2 建立规模经营检测、引导与退出机制

结合上文实证分析结论：第一，综合单产、技术效率和净收益实证结论，华北平原两种轮作方式下小麦“适度”经营规模最终趋同于200~400亩，且单产、技术效率和净收益三标准基本表现为在越大规模波动性越大的规律，说明规模越大产出效率风险越大，特别是400亩以上大规模和1000亩以上的超大规模经营不仅损失产出效率，而且土地净收益减少为负值。第二，农户在土地规模意愿上表现为现有种植面积越大意愿规模越大，即一味“求大”的规模扩张心理，但在土地规模决策行为上又表现为规模扩张的审慎决策行为。也就是说，华北平原农户的土地规模行为表现为“意愿盲目”但“决策理性”，且有子女继承对农户土地扩张意愿和土地规模扩张决策行为都有较强的刺激作用。

因此，在政策上以200~400亩规模作为华北平原小麦适度经营规模标准，建立规模经营检测和引导机制，对规模经营主体的土地规模扩张与收缩情况进行监管与指导。首先，政策舆论上，把加快土地流转速度、突出“大”规模经营的政策引导和舆论宣传导向，调整到“适度”规模经营的政策扶持和舆论宣传重点上来，同时政府扶持政策实施中倾向于“适度”规模经营主体。通过宣传和政策实施偏向于“适度”规模经营的一致性，引导农户规模选择意识趋于理性。其次，农户是农业规模经营的主体，也是农业生产的行为决策主体，在尊重农户土地规模决策意愿的基础上，合理引导其规模经营范围不超过适度规模阈值，控制恰当的规模扩张速度，使其成为农业规模经营的积极参与者和真正受益者。最后，完善规模经营退出机制，对于经营不善的规模经营主体，无论土地流转期限长短，及时通过再转让等程序强行退出。打破农户流转期限内可自由继承、支配土地经营权的思想。

8.3.3 多渠道增加粮食规模经营主体收入

上文实证分析结论显示，华北平原农户规模经营的逻辑起点是寻求规模效益，同时土地规模经营也是保障国家粮食安全的必然选择，当单位土地利益空间拓展面临成本高企和粮价下调的双重挑战时，农户存在“广种薄收”或致力于政府补贴以实现总收益最大化的心理愿望。且纯粮化经营户相对去粮化经营户意愿规模的正向激励因素相对乏力、规模扩张决策动力不足。而且，受教育程度对华北平原农户的土地规模扩张意愿和决策行为都未表现出理论上的正向作用。

因此，需要通过国家农业补贴政策提高农户种粮积极性。在河南粮食主产区，保证粮食生产规模，增加农户种粮收入。政府可继续实行粮食最低收购价政策，提高农户直接收益；加大粮食直接补贴“绿箱”政策力度，提高粮食规模生产效益，促进粮食规模化生产；以操作进程合理有序、能有效规避市场风险和自然风险、让农户特别是种粮大户获得稳定的预期收入为最终目标，来深入完善农业保险，充分发挥农业保险的作用。另外，加强农民职业培训，改变文化低、不懂技术、怕技术的局面，培育懂技术、会经营的新型农民，推动农业持续增效、农民持续增收。同时，从自然风险、国内外市场风险和管理经营风险等方面提高农户风险防控的意识和能力。最后，根据各地气温、地形、土壤质量等情况规划种植品种，引导农户优化种植结构；继续激发农业产业集聚区的带动作用，提升农产品价值。特别是让粮食生产融入农耕文化、农旅体验，让粮食产品走入特色农业行列，稳固纯粮作经营农户收益。

8.4 本章小结

一方面，华北平原粮食作物主要为小麦和玉米，而中国长期以来对两个品种的农业补贴政策基本上属于“黄箱”政策。在农产品国际化程度越来越深的今天，粮户容易受到国际粮食价格的冲击，最终收益受损。另一方面，中国农业经营长期以来主要是家庭户经营模式，推动农业适度规模经营，需学习国外针对规模经营主体的农业补贴政策经验。因此，本章首先总结美国农业补贴政策，特别是美国农产品价格支持政策由典型的“黄箱”政策向“绿箱”政策演变的过程及政策设计方法和受益对象设计；其次分析中国现行农业补贴政策需完善之处；最后结合本书实证研究结论，构建国际化背景下华北平原粮食规模经营政策扶持机制，具体内容包括：第一，从进一步完善小麦最低收购价政策、完善目标价格补贴制度并推广到玉米、加大农业保险支持力度、加强农业信贷支持力度、农业补贴对象向粮食规模经营主体倾斜等方面完善中国农业补贴政策，关注粮食规模经营主体对象。第二，建立规模经营检测、引导与退出机制。第三，多渠道增加粮食规模经营主体收入。

9

结论与展望

本书首先对国内外有关适度规模经营、农户规模决策行为等方面的研究进行梳理总结，找出本书对华北平原粮户土地规模决策研究的思路和框架。然后通过对河南省粮食生产地位的分析明确了以河南省粮食种植户作为华北平原粮户典型代表的可行性。根据调查样本数据特征，把华北平原粮户现有种植规模划分为：20 亩以下、20～40 亩、40～100 亩、100～400 亩和 400 亩以上五种基本规模类型，400～1000 亩、1000 亩以上两种比较规模类型，以及 100～200 亩、200～300 亩和 300～400 亩三个细分规模区间。把华北平原粮食种植分为纯粮作经营和去粮化经营两种轮作方式。

本书的主体部分利用华北平原 589 个小麦种植户调查数据，主要就华北平原粮食适度规模的厘定，把粮户土地规模意愿和决策作为独立行为和联合系列行为分别进行实证研究工作：在“适度”规模厘定中，以单产、技术效率和土地净收益为标准，分别推演纯粮作经营和去粮化经营两种轮作方式适度规模选择路径；在华北平原粮户意愿规模规律分析中，首先通过各规模区间粮户意愿规模与现有种植面积的比较初步揭示华北平原粮食种植户土地意愿规模规律，然后利用逐步回归技术筛选粮户意愿规模的驱动因素，实证证实华北平原粮食种植户意愿规模与适度规模经营理论的契合性，透视粮户利益诉求的内在规律及土地规模选择的根源性；在粮户决策行为规律单独分析中，在多项 Ordered Logit 模型回归后，利用回归后估计方法得出边际效应和预测概率探究华北平原粮食种植户土地规模决策行为的驱动因素；把粮户土地规模意愿作为规模决策行为的前期心理因素考察粮户规模决策行为机理的实证研究中，深度挖掘粮户土地意愿规模对其后期土地规模决策的影响，及其他因素在控制土地意愿规模后对粮户规模决策行为的影响机理。

最后，根据前文实证研究结论，结合国内外农业补贴政策经验，提出华北平原粮食规模经营政策扶持机制的政策建议。本书的主要结论及尚待深入研究的问题如下。

9.1 主要结论

第一，基于单产、技术效率和净收益三标准，华北平原粮食种植“适度”经营规模最终趋同于200~400亩，且单产、技术效率和净收益基本表现为在越大规模波动性越大的规律，即规模越大产出效率风险越大，特别是400亩以上大规模和1000亩以上的超大规模经营不仅损失产出效率，而且土地净收益减少为负值。

第二，华北平原粮户意愿规模偏离规模经营理论中追寻最大收益点的“拐点”理论，表现出现有种植面积越大意愿规模越大的规模扩张意愿。且规模扩张强度不受人力资本、资金缺口和农业保险等因素的羁绊，土地规模选择存在“求大”心理。全年作物亩均净收益对解释粮户意愿规模乏力的实证结论，反映了华北平原粮户受当地政府激励或同行、家人主观规范等因素影响，无视规模经济效益、忽视国际化因素影响，一味求大的规模扩张愿望；同时也揭示出当单位土地利益空间拓展面临国内成本高企和国际粮价下行的双重挑战时，粮户企图通过“广种薄收”以实现总收益最大化的心理转变过程。

第三，逐利动机不是华北平原粮户规模决策的唯一目标，子女继承长期目标是粮户规模决策的另一重要内在驱动因素；粮户盈利目标是获得规模经济效益，而非寻求政府补贴；资金缺口制约粮户规模扩张决策行为，现有面积对大规模粮户继续扩大规模决策的负向牵制作用显著；小规模粮户扩大面积的预测概率较大，大规模粮户扩大面积的预测概率较小、缩小面积等其他决策概率较大。因此，华北平原粮户土地规模决策行为并未偏离寻求规模收益的初始行为逻辑，也不存在风险（债务）偏好的盲目性，大规模粮户在现有面积等负向牵制作用下不追求“以大为美”的决策逻辑。

第四，总的来说，对一定规模范围内的华北平原粮食种植户来说，意愿规模、作物净收益、子女继承长期目标对其土地规模扩张决策起正向促进作用，对其缩小规模、保持现有种植面积不变、放弃种植起负向抑制作用。而现有种植面积和纯粮作经营方式对粮户规模决策行为的作用刚好相反。这说明，在控制土地意愿规模条件下，华北平原相对小规模粮食种植户土地规模扩张决策兼顾现有种植面积的现状，在其规模意愿、子女继承长期目标的正向激励作用下寻求规模经济效益，同时由于种粮效益的差异，纯粮作经营户较去粮化经营户缺乏规模扩张的动力。意愿规模、作物净收益、子女继承长期目标、现有种植面积和是否纯粮作经营方式均对华北平原相对大规模粮食种植户的土地规模扩张决策失效。因此，控制意愿规模条件下的实证结论仅仅刻画了华北平原相对小规模粮食种植户的土地规模决策行为规律。

第五，纯粮化经营户相对去粮化经营户意愿规模的正向激励因素相对乏力、规模扩张决策动力不足，且受教育程度对华北平原农户的土地规模扩张意愿和决策行为都未表现出理论上的正向作用。

9.2 研究展望

本书尽管对华北平原粮食种植户土地规模决策行为问题进行了比较系统的研究，但限于个人主观认知的原因，在研究过程中，对部分问题没有进行更为深入细致的研究，综观全书，至少存在以下的不足之处有待今后进一步深入研究和完善：

第一，在土地“适度”规模厘定、粮户意愿规模和规模决策行为实证分析时，囿于样本数据是单次调查数据，无法直接使用国际粮食价格、国际贸易政策、生物质液体燃料等可能会对中国或华北平原粮食价格造成影响的国际化因素。今后，随着可调查次数的增加，可以在相应模型中增加这些因素，并直接分析国际化因素对华北平原适度规模的边际效应及对华北平原粮户土地规模决策行为的直接影响。

第二，粮户土地规模从意愿、决策到现实选择是连贯的系列行为，意愿和决策可基于连续调查数据，即总的样本数据应该是时间连续的追踪调查数据。本书样本是单期数据，进一步跟踪调研后，可更科学地考察粮户土地规模决策行为规律，并进一步分析粮户土地规模的现实行为规律。

参考文献

［1］程国强. 发达国家农业补贴政策的启示与借鉴［J］. 红旗文稿，2009（15）：22-24.

［2］程国强，朱满德. 中国工业化中期阶段的农业补贴制度与政策选择［J］. 管理世界，2012（1）：9-20.

［3］程秋萍. 哪一种适度规模？——适度规模经营的社会学解释［J］. 中国农业大学学报（社会科学版），2017，34（1）：69-82.

［4］陈杰，苏群. 土地生产率视角下的中国土地适度规模经营——基于 2010 年全国农村固定观察点数据［J］. 南京农业大学学报（社会科学版），2016，16（6）：121-130.

［5］陈秧分，孙炜琳，薛桂霞. 粮食适度经营规模的文献评述与理论思考［J］. 中国土地科学，2015（5）：8-15.

［6］方松海，王为农. 成本快速上升背景下的农业补贴政策研究［J］. 管理世界，2009（9）：91-108.

［7］国家发展和改革委员会产业经济与技术经济研究所课题组. 构建我国新的粮食价格支持政策框架的建议［J］. 经济纵横，2016（5）：61-65.

［8］郭庆海. 土地适度规模经营尺度：效率抑或收入［J］. 农业经济问题，2014，35（7）.

［9］郭玮，张海风，苑连霞. 美国农业财政补贴政策及对中国农业发展的启示［J］. 对外经贸实务，2014（8）：35-38.

［10］韩长赋. 要始终绷紧粮食安全这根弦［EB/OL］. http：//news. xinhuanet. com/politics/2016lh/2016-03/07/c_ 135162716. htm.

［11］韩一军，徐锐钊. 2014 美国农业法改革及启示［J］. 农业经济问题，2015（4）：101-109.

［12］何秀荣. 关于我国农业经营规模的思考［J］. 农业经济问题，

2016，29（9）：4-15.

［13］何忠伟. 中国农业补贴政策的效果与体系研究［D］. 中国农业科学院农业经济与发展研究所，2005：29-30.

［14］黄新建，姜睿清，付传明. 以家庭农场为主体的土地适度规模经营研究［J］. 求实，2013（6）：94-96.

［15］黄延廷. 农地规模经营中的适度性探讨——兼谈我国农地适度规模经营的路径选择［J］. 求实，2011（8）：92-96.

［16］蒋和平，蒋辉. 农业适度规模经营的实现路径研究［J］. 农业经济与管理，2014（1）：5-11.

［17］江激宇，张士云，李博伟等. 种粮大户扩大农地规模意愿存在盲目性吗？［J］. 中国人口·资源与环境，2016，26（8）：97-104.

［18］李登旺，仇焕广，吕亚荣等. 欧美农业补贴政策改革的新动态及其对我国的启示［J］. 中国软科学，2015（8）：12-21.

［19］李谷成，冯中朝，范丽霞. 小农户真的更加具有效率吗？来自湖北省的经验证据［J］. 经济学（季刊），2010，9（1）：99-128.

［20］李国祥. 为什么要继续执行并完善最低收购价政策［J］. 农村经济，2016（4）：3-7.

［21］李国祥. 如何看待农业规模经营［J］. 农村实用技术，2016（9）：19-21.

［22］李文明，罗丹，陈洁等. 农业适度规模经营：规模效益、产出水平与生产成本——基于1552个水稻种植户的调查数据［J］. 中国农村经济，2015（3）：4-17.

［23］罗必良，何应龙，汪沙等. 土地承包经营权：农户退出意愿及其影响因素分析——基于广东省的农户问卷［J］. 中国农村经济，2012（6）：4-19.

［24］罗必良，李玉勤. 农业经营制度：制度底线、性质辨识与创新空间——基于"农村家庭经营制度研讨会"的思考［J］. 农业经济问题，2014（1）：8-18.

［25］罗丹，李文明，陈洁. 粮食生产经营的适度规模：产出与效益二维视角［J］. 管理世界，2017（1）：78-88.

［26］刘超，朱满德. 我国粮食价格支持政策效应的溢出及其影响研究［J］. 广东农业科学，2015，42（11）：173-179.

[27] 刘凤芹. 农业土地规模经营的条件与效果研究：以东北农村为例 [J]. 管理世界，2006（9）：71-79.

[28] 刘莹，黄季焜. 农户多目标种植决策模型与目标权重的估计 [J]. 经济研究，2010（1）：148-157.

[29] 马晓河，蓝海涛. 加入 WTO 后我国农业补贴政策研究 [J]. 管理世界，2002（5）：66-75.

[30] 倪国华，蔡昉. 农户究竟需要多大的农地经营规模？——农地经营规模决策图谱研究 [J]. 经济研究，2015（3）：159-171.

[31] 农业部考察团. 美国农业补贴政策的新动向以及对我国的启示 [J]. 农村经济文稿，2009（9）：1-6.

[32] 钱克明，彭廷军. 中国农户粮食生产适度规模的经济学分析 [J]. 农业经济问题，2014，35（3）：4-7.

[33] 钱文荣，张忠明. 农民土地意愿经营规模影响因素实证研究——基于长江中下游区域的调查分析 [J]. 农业经济问题，2007，28（5）：28-34.

[34] 尚旭东，朱守银. 家庭农场和专业农户大规模农地的"非家庭经营"：行为逻辑、经营成效与政策偏离 [J]. 中国农村经济，2015（12）：4-13.

[35] 尚旭东，朱守银. 粮食安全保障背景的适度规模经营突破与回归 [J]. 改革，2017（2）：126-136.

[36] 田伟，肖融，谢丹. 国外农场适度规模机理的经验研究 [J]. 农业技术经济，2016（5）：122-128.

[37] 王建英，陈志钢，黄祖辉. 转型时期土地生产率与农户经营规模关系再考察 [J]. 管理世界，2015（9）：65-81.

[38] 王嫚嫚，刘颖，陈实. 规模报酬、产出利润与生产成本视角下的农业适度规模经营——基于江汉平原 354 个水稻种植户的研究 [J]. 农业技术经济，2017（4）：85-96.

[39] 王小叶. 农户心中存在适度规模经营的"拐点"吗？——以河南小麦种植户为例 [J]. 农村经济，2018a（12）：37-43.

[40] 王小叶. 农户土地规模决策行为：盲目还是理性——以河南小麦种植户为例 [J]. 经济学家，2018b（12）：81-90.

[41] 王小叶. 稳粮增收目标下适度经营规模路径趋同吗？——来自

河南两类轮作方式的证据［J］. 经济经纬，2018c，35（6）：36-43.

［42］王小叶. 中国粮食价格支持政策调整建议：美国价格支持政策演化路径之借鉴［J］. 农村经济，2017（3）：122-128.

［43］卫新，毛小报，王美清. 浙江省农户土地规模经营实证分析［J］. 中国农村经济，2003（10）：31-36.

［44］辛良杰，李秀彬，朱会义等. 农户土地规模与生产率的关系及其解释的印证——以吉林省为例［J］. 地理研究，2009，28（5）：1276-1284.

［45］许庆，尹荣梁，章辉. 规模经济、规模报酬与农业适度规模经营——基于我国粮食生产的实证研究［J］. 经济研究，2011（3）：59-71.

［46］杨建利，邢娇阳. 美国“平均作物收入选择方案（ACRE）”对我国粮食直补的启示［J］. 宏观经济研究，2010（6）.

［47］叶兴庆. “十三五”时期农产品价格支持政策改革的总体思路与建议［J］. 中国粮食经济，2016（1）：28-32.

［48］詹琳，蒋和平. 粮食目标价格制度改革的困局与突破［J］. 农业经济问题，2015（2）：14-20.

［49］张侠，葛向东，彭补拙. 土地经营适度规模的初步研究［J］. 经济地理，2002，22（3）：351-355.

［50］张忠明，钱文荣. 农民土地规模经营意愿影响因素实证研究——基于长江中下游区域的调查分析［J］. 中国土地科学，2008（3）：61-67.

［51］朱满德. 农产品价格支持和直接补贴政策功能与效果的比较——一个经验性的综述［J］. 贵州大学学报（社会科学版），2014，32（2）：29-34.

［52］Ackerman N，Jenson G，Bailey D. Major Sources of Satisfaction for Farm Families［J］. Utah Science，1989（50）：134-142.

［53］Act A. One Hundred Thirteenth Congress of the United States of America［Z］. 2014.

［54］Anosike N，Coughenour C M. The Socioeconomic Basis of Farm Enterprise Diversification Decisions［J］. Rural Sociology，1990，55（1）：1-24.

［55］Assunção J J，Braido L H B. Testing Household-specific Explanations for the Inverse Productivity Relationship［J］. American Journal of Agricultural Economics，2007，89（4）：980-990.

[56] Austin E J, Willock J, Deary I J, et al. Empirical Models of Farmer Behaviour Using Psychological, Social and Economic Variables. Part I: Linear Modeling [J]. Agricultural Systems, 1998, 58 (2): 203-224.

[57] Balagawi S, Jackson K, Clarke A R. Resting Sites, Edge Effects and Dispersion of a Polyphagous Bactrocera Fruit Fly within Crops of Different Architecture [J]. Journal of Applied Entomology, 2014, 138 (7): 510-518.

[58] Barchia I, Cooper J L. Edge Row Effects on Yields in an Oat Trial [J]. Animal Production Science, 1996, 36 (4): 459-461.

[59] Bardhan P K. Size, Productivity, and Returns to Scale: An Analysis of Farm-level Data in Indian Agriculture [J]. Journal of Political Economy, 1973, 81 (6): 1370-1386.

[60] Barrett C B. On Price Risk and the Inverse Farm Size-Productivity Relationship [J]. Journal of Development Economics, 1996, 51 (2): 193-215.

[61] Battese G E, Coelli T J. A Model for Technical Inefficiency Effects in a Stochastic Frontier Production Function for Panel Data [J]. Empirical Economics, 1995, 20 (2): 325-332.

[62] Battese G E, Corra G S. Estimation of a Production Frontier Model: With Application to the Pastoral Zone of Eastern Australia [J]. Australian Journal of Agricultural and Resource Economics, 1977, 21 (3): 169-179.

[63] Benjamin D. Can Unobserved Land Quality Explain the Inverse Productivity Relationship? [J]. Journal of Development Economics, 1995, 46 (1): 51-84.

[64] Beers G, Huirne R B M, and Pruis H C. Farmers in Small-scale and Large-scale Farming in a New Perspective: Objectives, Decision Making and Information Requirements [J]. Electrocatalysis, 1996, 92 (4): 358-366.

[65] Bevis L E M, Barrett C B. Close to the Edge: Do Behavioral Explanations Account for the Inverse Productivity Relationship? [R]. Cornell University Working Paper, 2016.

[66] Bhalla S S, Roy P. Mis-specification in Farm Productivity Analysis: The Role of Land Quality [J]. Oxford Economic Papers, 1988, 40 (1): 55-73.

[67] Bhandari H, Pandey S. Economics of Groundwater Irrigation in

Nepal: Some Farm-level Evidences [J]. Journal of Agricultural and Applied Economics, 2006, 38 (1): 185-199.

[68] Binswanger H P. Attitudes toward Risk: Experimental Measurement in Rural India [J]. American Journal of Agricultural Economics, 1980, 62 (3): 395-407.

[69] Bocquého G, Jacquet F, Reynaud A. Expected Utility or Prospect Theory Maximisers? Assessing Farmers' Risk Behaviour from Field-Experiment Data [J]. European Review of Agricultural Economics, 2013, 41 (1): 135-172.

[70] Bragg L A, Dalton T J. Factors Affecting the Decision to Exit Dairy Farming: A Two-stage Regression Analysis [J]. Journal of Dairy Science, 2004, 87 (9): 3092-3098.

[71] Breustedt G, Müller-Scheeßel J, Latacz-Lohmann U. Forecasting the Adoption of GM Oilseed Rape: Evidence from a Discrete Choice Experiment in Germany [J]. Journal of Agricultural Economics, 2008, 59 (2): 237-256.

[72] Brooks N L, Stucker T A, Bailey J A. Income and Well-being of Farmers and the Farm Financial Crisis [J]. Rural Sociology, 1986, 51 (4): 391-405.

[73] Carter M R. Identification of the Inverse Relationship between Farm Size and Productivity: An Empirical Analysis of Peasant Agricultural Production [J]. Oxford Economic Papers, 1984, 36 (1): 131-145.

[74] Carletto C, Savastano S, Zezza A. Fact or Artifact: The Impact of Measurement Errors on the Farm Size-Productivity Relationship [J]. Journal of Development Economics, 2013 (103): 254-261.

[75] Carr S, Tait J. Differences in the Attitudes of Farmers and Conservationists and Their Implications [J]. Journal of Environmental Management, 1991, 32 (3): 281-294.

[76] Casebow A. Human Motives in Farming [J]. Journal of Agricultural Economics, 1981 (24): 119-123.

[77] Coughenour C M, Swanson L E. Rewards, Values, and Satisfaction with Farm Work [J]. Rural Sociology, 1988, 53 (4): 442.

[78] Chayanov A V. The Theory of Peasant Co-operatives [M]. Colum-

bus, OH: Ohio State University Press, 1926.

[79] Chayanov A. The Theory of Peasant Co - operatives [M]. IB Tauris, 1991.

[80] Chianu J N, Tsujii H. Determinants of Farmers' Decision to Adopt or Not Adopt Inorganic Fertilizer in the Savannas of Northern Nigeria [J]. Nutrient Cycling in Agroecosystems, 2004, 70 (3): 293-301.

[81] Chite R M. The 2014 Farm Bill (PL 113-79): Summary and Side-by-Side [J]. CRS Report, 2014: 43076.

[82] Coble K H. The Joint Effect of Government Crop Insurance and Loan Programmes on the Demand for Futures Hedging [J]. European Review of Agricultural Economics, 2004 (31): 309-330.

[83] Collins A. Expected Utility, Debt-Equity Structure, and Risk Balancing [J]. American Journal of Agricultural Economics, 1985, 67 (3): 627-629.

[84] Cutforth L B, Francis C A, Lynne G D, et al. Factors Affecting Farmers' Crop Diversity Decisions: An Integrated Approach [J]. American Journal of Alternative Agriculture, 2001, 16 (4): 168-176.

[85] Darnhofer I. Understanding Family Farmers' Decisions: Towards a Socio-economic Approach [R]. Vienna: University of Natural Ressources and Life Sciences, 2006.

[86] Davey K A, Furtan W H. Factors That Affect the Adoption Decision of Conservation Tillage in the Prairie Region of Canada [J]. Canadian Journal of Agricultural Economics/revue Canadienne Dagroeconomie, 2008, 56 (3): 257-275.

[87] Driver H C, Onwona S O. Profiles in Management and Performance for Assessment of Information Needs [J]. Canadian Journal of Agricultural Economics, 1986, 33 (Supplement s1): 155-176.

[88] Dyer G. Class, State and Agricultural Productivity in Egypt: Study of the Inverse Relationship between Farm Size and Land Productivity [M]. Routledge, 2014.

[89] Economic Research Service. Crop Commodity Programs [EB/OL]. http: //ers. usda. gov/agricultural-act-of-2014-highlights-and-implications/

crop-commodity-programs. aspx.

[90] Economic Research Service. Crop Insurance [EB/OL]. http://ers. usda. gov/agricultural-act-of-2014-highlights-and-implications/crop-insurance. aspx, 2016.

[91] Economic Research Service. Farm Sector Income Forecast [EB/OL]. http://www. ers. usda. gov/topics/farm-economy/farm-sector-income-finances/2016-farm-sector-income-forecast. aspx, 2016.

[92] Edwards-Jones G. Modelling Farmer Decision-making: Concepts, Progress and Challenges [J]. Animal Science, 2006, 82 (6): 783-790.

[93] Fairweather J R, Keating N C. Goals and Management Styles of New Zealand Farmers [J]. Agricultural Systems, 1994, 44 (2): 181-200.

[94] Fan S, Chan-Kang C. Is Small Beautiful? Farm Size, Productivity, and Poverty in Asian Agriculture [J]. Agricultural Economics, 2005, 32 (s1): 135-146.

[95] Fearne, A P. Changing Practices on the Farm: A Survey of Farmers Perceptions [J]. Farm Management, 1989 (7): 192-198.

[96] Featherstone A M, Goodwin B K. Factors Influencing a Farmer's Decision to Invest in Long-term Conservation Improvements [J]. Land Economics, 1993, 69 (1): 67-81.

[97] Feder G. The Relation between Farm Size and Farm Productivity: The Role of Family Labor, Supervision and Credit Constraints [J]. Journal of Development Economics, 1985, 18 (2/3): 297-313.

[98] Fernandez-Cornejo J, Beach E D, Huang W Y. The Adoption of IPM Techniques by Vegetable Growers in Florida, Michigan and Texas [J]. Journal of Agricultural and Applied Economics, 1994, 26 (1): 158-172.

[99] Foster A D, Rosenzweig M R. Are Indian Farms too Small? Mechanization, Agency Costs, and Farm Efficiency [J]. Econojmic Growth Center, Yale University New Haven CT, 2011.

[100] Gasson R. Goals and Values of Farmers [J]. Journal of Agricultural Economics, 1973, 24 (3): 521-542.

[101] Gasson R. Soci-economic Status and Orientation to Work The Case of Farmers [J]. Sociologia Ruralis, 1974, 14 (3): 127-141.

[102] Gasson R, Potter C. Conservation through Land Diversion: A Survey of Farmers "Attitudes" [J]. Journal of Agricultural Economics, 1988, 39 (3): 340-351.

[103] Giannoccaro G, Berbel J. The Determinants of Farmer's Intended Behaviour towards the Adoption of Energy Crops in Southern Spain: An Application of the Classification Tree-method [J]. Bio-based and Applied Economics, 2012, 1 (2): 199-212.

[104] Gilligan D O. Farm Size, Productivity, and Economic Efficiency: Accounting for Differences in Efficiency of Farms by Size in Honduras [C]. AAEA Annual Meeting, Salt Lake City, Utah, 1998.

[105] Goetz S J, Debertin D. Why Farmers Quit: A County-level Analysis [J]. Am. J. Agric. Econ, 2001 (83): 1010-1023.

[106] Gillmor D A. Behavioural Studies in Agriculture: Goals, Values and Enterprise Choice [J]. Irish Journal of Agricultural Economics and Rural Sociology, 1986 (11): 19-33.

[107] Ghadim A K A, Pannell D J, Burton M P. Risk, Uncertainty, and Learning in Adoption of a Crop Innovation [J]. Agricultural Economics, 2005, 33 (1): 1-9.

[108] Guerin L J, Guerin T F. Constraints to the Adoption of Innovations in Agricultural Research and Environmental Management: A Review [J]. Animal Production Science, 1994, 34 (4): 549-571.

[109] Hadley G L, Harsh S B, Wolf C A. Managerial and Financial Implications of Major Dairy Farm Expansions in Michigan and Wisconsin [J]. Journal of Dairy Science, 2002, 85 (8): 0-2064.

[110] Helfand S M, Levine E S. Farm Size and the Determinants of Productive Efficiency in the Brazilian Center-West [J]. Agricultural Economics, 2004, 31 (2/3): 241-249.

[111] Heltberg R. Rural Market Imperfections and the Farm Size-Productivity Relationship: Evidence from Pakistan [J]. World Development, 1998, 26 (10): 1807-1826.

[112] Herath H M G, Hardaker J B, Anderson J R. Choice of Varieties by Sri Lanka Rice Farmers: Comparing Alternative Decision Models [J]. American

Journal of Agricultural Economics, 1982, 64 (1): 87.

[113] Herrmann V, Uttitz P. "If Only I didn't Enjoy Being a Farmer!" Attitudes and Opinions of Monoactive and Pluriactive Farmers [J]. Sociologia Ruralis, 2010, 30 (1): 62-75.

[114] Holman E M, Bednarz C W. Alley Effect on Several Cotton Cultivars in Small Plot Research [J]. Communications in Soil Science and Plant Analysis, 2001, 32 (1-2): 119-126.

[115] Hoque A. Farm Size and Economic-allocative Efficiency in Bangladesh Agriculture [J]. Applied Economics, 1988, 20 (10): 1353-1368.

[116] Kagin J, Taylor J E, Yúnez-Naude A. Inverse Productivity or Inverse Efficiency? Evidence from Mexico [J]. The Journal of Development Studies, 2016, 52 (3): 396-411.

[117] Kallas Z, Serra T, Gil J M. Farmers' Objectives as Determinants of Organic Farming Adoption: The Case of Catalonian Vineyard Production [J]. Agricultural Economics, 2010 (41): 409-423.

[118] Karlan D, Osei R, Osei-Akoto I, et al. Agricultural Decisions after Relaxing Credit and Risk Constraints [J]. The Quarterly Journal of Economics, 2014, 129 (2): 597-652.

[119] Kawasaki K. The Costs and Benefits of Land Fragmentation of Rice Farms in Japan [J]. Australian Journal of Agricultural and Resource Economics, 2010, 54 (4): 509-526.

[120] Keelan C, Thorne F S, Flanagan P, et al. Predicted Willingness of Irish Farmers to Adopt GM Technology [J]. AgBioForum, 2010, 12 (3/4): 394-403.

[121] Lamb R L. Inverse Productivity: Land Quality, Labor Markets, and Measurement Error [J]. Journal of Development Economics, 2003, 71 (1): 71-95.

[122] Mahul O. Hedging Price Risk in the Presence of Crop Yield and Revenue Insurance [J]. European Review of Agricultural Economics, 2003 (30): 217-239.

[123] Mazumdar D. Size of Farm and Productivity: A Problem of Indian Peasant Agriculture [J]. Economica, 1965, 32 (126): 161-173.

[124] McGregor M J, J Willock, J B Dent, I Deary, et al. Links between Psychological Factors and Farmer Decision Making [J]. Farm Management, 1996, 9 (5): 228-239.

[125] Moll P G. The Rationality of Farm Size Growth: An Example from "White" South Africa [J]. European Review of Agricultural Economics, 1989, 16 (3): 345-357.

[126] Murdock S H, Albrecht D E, Hamm R R, et al. The Farm Crisis in the Great Plains: Implications for Theory and Policy Development [J]. Rural Sociology, 1986, 51 (4): 406-435.

[127] Nkonde C, Jayne T S, Richardson R, et al. Testing the Farm Size-Productivity Relationship over a Wide Range of Farm Sizes: Should the Relationship be a Decisive Factor in Guiding Agricultural Development and Land Policies in Zambia [C] World Bank Land and Poverty Conference, 2015.

[128] O' Brien L, Green R T. Plot Width and Cultivar Interaction [J]. Journal of the Australian Institute of Agricultural Science, 1974 (40): 158-159.

[129] Pile S. Securing the Future: "Survival Strategies" amongst Somerset Dairy Farmers [J]. Sociology, 1991, 25 (2): 255-274.

[130] Potter C, Lobley M. The Conservation Status and Potential of Elderly Farmers: Results from a Survey in England and Wales [J]. Journal of Rural Studies, 1992, 8 (2): 133-143.

[131] Potter C, Lobley M. The Farm Family Life Cycle, Succession Paths and Environmental Change in Britain's Countryside [J]. Journal of Agricultural Economics, 1996, 47 (1/4): 172-190.

[132] Rios A R, Shively G E. Farm Size and Nonparametric Efficiency Measurements for Coffee Farms in Vietnam [C]. 2005Annual Meeting, July 24-27, Providence, RI 19159, American Agricultural Economics Association (New Name 2008: Agricultural and Applied Economics Association).

[133] Rogers E M. Diffusion of Innovations (4th ed.) [M]. New York: The Free Press, 1995.

[134] Ryan M, O' Donoghue C, Hynes S. Heterogeneous Economic and Behavioural Drivers of the Farm Afforestation Decision [J]. Journal of Forest Economics, 2018 (33): 63-74.

[135] Salamon S, Davis - Brown K. Middle - Range Farmers Persisting Through the Agricultural Crisis [J]. Rural Sociology, 1986, 51 (4): 503-512.

[136] Sen A K. An Aspect of Indian Agriculture [J]. Economic Weekly, 1962, 14 (4/6): 243-246.

[137] Sen A K. Peasants and Dualism with or without Surplus Labor [J]. Journal of Political Economy, 1966, 74 (5): 425-450.

[138] Serra T, Zilberman D, Gil J M, et al. The Effects of Decoupling on Land Allocation [J]. Applied Economics, 2009, 41 (18): 2323-2333.

[139] Solano C, Leon H, Perez E, et al. The Role of Personal Information Sources on the Decision-making Process of Costa Rican Dairy Farmers [J]. Agricultural Systems, 2003, 76 (1): 3-18.

[140] Stirm J E W, St-Pierre N R. Identification and Characterization of Location Decision Factors for Relocating Dairy Farms [J]. Journal of Dairy Science, 2003, 86 (11): 3473-3487.

[141] Tan S, Heerink N, Kruseman G, et al. Do Fragmented Landholdings Have Higher Production Costs? Evidence from Rice Farmers in Northeastern Jiangxi Province, P. R. China [J]. China Economic Review, 2008, 19 (3): 347-358.

[142] Van Tassell L W, Keller L H. Farmers' Decision-making: Perceptions of the Importance, Uncertainty, and Controllability of Selected Factors [J]. Agribusiness, 2010, 7 (6): 523-535.

[143] The Office of Budget and Program Analysis. FY2016 USDA Budget Summary and Annual Performance Plan [EB/OL]. www. obpa. usda. gov/budsum/fy16budsum. pdf.

[144] Turvey G. Environmental Quality Constraints and Farm-Level Decision Making [J]. American Journal of Agricultural Economics, 1991, 73 (5): 1399-1404.

[145] Vanclay F. The Social Context of Farmers' Adoption of Environmentally Sound Farming Practices [C]. Agriculture, Environment and Society, 1992: 94-121.

[146] Verdelli D, Acciaresi H A, Leguizamón E S. Corn and Soybeans in

a Strip Intercropping System: Crop Growth Rates, Radiation Interception, and Grain Yield Components [J]. International Journal of Agronomy, 2012 (12).

[147] Villamil M B, Silvis A H, Bollero G A. Potential Miscanthus' Adoption in Illinois: Information Needs and Preferred Information Channels [J]. Biomass and Bioenergy, 2008, 32 (12): 1338-1348.

[148] Ward B, Roe B E, Batte M T. Potential Profitability of Strip Intercropping with Corn and Soybeans [J]. Journal of the ASFMRA, 2016: 149-166.

[149] Watson D J, French S A W. Interference between Rows and between Plants within Rows of a Wheat Crop, and Its Effects on Growth and Yield of Differently-spaced Rows [J]. Journal of Applied Ecology, 1971, 8 (2): 421-445.

[150] Weiss C R. Farm Growth and Survival: Econometric Evidence for Individual Farms in Upper Austria [J]. American Journal of Agricultural Economics, 1999, 81 (1): 103-116.

[151] Willock J, Deary I J, Edwards-Jones G, et al. The Role of Attitudes and Objectives in Farmer Decision Making: Business and Environmentally-oriented Behaviour in Scotland [J]. Journal of Agricultural Economics, 1999, 50 (2): 286-303.

[152] Willock J, Deary I J, McGregor M M, et al. Farmers' Attitudes, Objectives, Behaviors, and Personality Traits: The Edinburgh Study of Decision Making on Farms [J]. Journal of Vocational Behavior, 1999, 54 (1): 5-36.

[153] Wilson G A. Factors Influencing Farmer Participation in the Environmentally Sensitive Areas Scheme [J]. Journal of Environmental Management, 1997, 50 (1): 67-93.

[154] Wise J O, Brannen R L. The Relationship of Farmer Goals Other Factors to Credit Use [J]. Southern Journal of Agricultural Economics, 1983, 15 (2): 49-55.

[155] Zheng S, Xu P, Wang Z. Farmers' Adoption of New Plant Varieties under Variety Property Right Protection: Evidence from Rural China [J]. China Agricultural Economic Review, 2012, 4 (1): 124-140.

附 录

附表 1　纯粮作和去粮化经营户规模决策在不同规模区间内的分布

		总体样本	20 亩以下	20~40 亩	40~100	100~400 亩	400 亩以上	100~200 亩	200~300 亩	300~400 亩	400~1000 亩	1000 亩以上
纯粮作经营		451	98	83	84	121	65	76	26	19	26	39
回答样本数		445	98	83	84	117	63	76	24	17	25	38
扩大规模	数量	181	30	30	39	56	26	34	12	10	7	19
	占比（%）	40.7	30.6	36.1	46.4	47.9	41.3	44.7	50.0	58.8	28.0	50.0
缩小规模	数量	53	8	2	13	13	17	7	6	0	5	12
	占比（%）	11.9	8.2	2.4	15.5	11.1	27.0	9.2	25.0	0.0	20.0	31.6
保持不变	数量	181	55	44	32	40	10	32	6	2	6	4
	占比（%）	40.7	56.1	53.0	38.1	34.2	15.9	42.1	25.0	11.8	24.0	10.5
不再种植	数量	30	5	7	0	8	10	3	0	5	7	3
	占比（%）	6.7	5.1	8.4	0.0	6.8	15.9	3.9	0.0	29.4	28.0	7.9

续表

		总体样本	20亩以下	20~40亩	40~100	100~400亩	400亩以上	100~200亩	200~300亩	300~400亩	400~1000亩	1000亩以上
去粮化经营		147	27	28	39	40	13	26	9	5	9	4
回答样本数		141	24	22	39	44	13	25	8	4	9	4
扩大规模	数量	81	16	13	23	27	6	19	3	1	6	0
	占比（%）	57.4	66.7	59.1	59.0	61.4	46.2	76.0	37.5	25.0	66.7	0.0
缩小规模	数量	13	0	4	3	4	2	3	1	0	1	1
	占比（%）	9.2	0.0	18.2	7.7	9.1	15.4	12.0	12.5	0.0	11.1	25.0
保持不变	数量	33	7	5	13	7	1	0	4	3	1	0
	占比（%）	23.4	29.2	22.7	33.3	15.9	7.7	0.0	50.0	75.0	11.1	0.0
不再种植	数量	8	1	0	0	3	4	3	0	0	1	3
	占比（%）	5.7	4.2	0.0	0.0	6.8	30.8	12.0	0.0	0.0	11.1	75.0

附表2　纯粮作和去粮化经营户规模决策在不同规模区间内的分布

		总体样本	20亩以下	20~40亩	40~100亩	100~200亩	200~300亩	300~400亩	400~1000亩	1000亩以上
作物净收益为正		461	121	88	90	80	23	18	24	17
回答样本数		461	121	88	90	80	23	18	24	17
扩大规模	数量	205	45	32	44	46	10	8	10	10
	占比（%）	44.47	37.19	36.36	48.89	57.50	43.48	44.44	41.67	58.82

续表

		总体样本	20 亩以下	20~40 亩	40~100 亩	100~200 亩	200~300 亩	300~400 亩	400~1000 亩	1000 亩以上
缩小规模	数量	38	8	2	6	6	7	0	3	6
	占比（%）	8.24	6.61	2.27	6.67	7.50	30.43	0.00	12.50	35.29
保持不变	数量	186	62	47	37	25	6	5	4	0
	占比（%）	40.35	51.24	53.41	41.11	31.25	26.09	27.78	16.67	0.00
不再种植	数量	32	6	7	3	3	0	5	7	1
	占比（%）	6.94	4.96	7.95	3.33	3.75	0.00	27.78	29.17	5.88
作物净收益非正		116	1	17	30	21	9	3	10	116
回答样本数		116	1	17	30	21	9	3	10	25
扩大规模	数量	57	1	11	18	7	5	3	3	9
	占比（%）	49.14	100.00	64.71	60.00	33.33	55.56	100.00	30.00	36.00
缩小规模	数量	25	0	4	7	4	0	0	3	7
	占比（%）	21.55	0.00	23.53	23.33	19.05	0.00	0.00	30.00	28.00
保持不变	数量	25	0	2	5	7	4	0	3	4
	占比（%）	21.55	0.00	11.76	16.67	33.33	44.44	0.00	30.00	16.00
不再种植	数量	9	0	0	0	3	0	0	1	5
	占比（%）	7.76	0.00	0.00	0.00	14.29	0.00	0.00	10.00	20.00

附表 3　不同规模区间粮户投入产出数据的统计描述

经营规模（亩）	统计量	单产（公斤/亩）	亩均成本（元/亩）	经营规模（亩）	统计量	单产（公斤/亩）	亩均成本（元/亩）
10 亩以下	均值	444. 8	446. 6	400 亩以上	均值	495. 03	1643. 54
	标准差	80. 12	101. 75		标准差	202. 67	4717. 65
	最小值	250	266. 67		最小值	66. 67	93. 75
	最大值	600	600		最大值	1428. 57	42384. 11
20 亩以下	均值	466. 35	436. 91	全部样本	均值	491. 44	873. 79
	标准差	162. 86	157. 35		标准差	186. 04	1882. 85
	最小值	117. 65	88. 24		最小值	66. 67	20. 8
	最大值	1666. 67	1100		最大值	1666. 67	42384. 11
20~40 亩	均值	497. 11	683. 01	400~1000 亩	均值	511. 37	2284. 19
	标准差	184. 43	362. 53		标准差	149. 35	7027. 09
	最小值	227. 5	128. 57		最小值	120	95. 2
	最大值	1237. 5	3264. 25		最大值	1000	42384. 11
40~100 亩	均值	489. 47	1031. 69	1000 亩以上	均值	481. 74	1122. 08
	标准差	176. 21	1512. 89		标准差	238. 42	456. 52
	最小值	180	130		最小值	66. 67	93. 75
	最大值	1400	13000		最大值	1428. 57	2010. 58
100~400 亩	均值	506. 79	850. 97				
	标准差	202. 47	423. 38				
	最小值	106. 64	20. 8				
	最大值	1500	2800				

附表 4 不同种植结构粮户的小麦亩均净收益和农作物亩均净收益在不同规模区间的分布（均值）

单位为：元/亩

	总体样本	3~10 亩	10~20 亩	20~40 亩	40~100 亩	100~400 亩	400~1000 亩	1000 亩以上
小麦+农作物	128.17	351.11	412.5	237.89	182.66	172.68	-1305	-137.9
	195.96	697	510.04	225.61	227.23	190.97	-757.8	-102
小麦+粮食作物	191.61	296.14	408.87	230.77	207.88	158.39	-219	-95.83
	179.03	377.42	414.27	208.86	191.11	115.68	-154.3	-82.8
小麦+玉米	235.35	302.15	392.07	206.05	208.73	155.75	73.28	57.27
	235	394.24	424.17	203.78	178.8	159.23	68.64	3.21
小麦+大豆	135.16	NA	NA	NA	-133.3	189.38	158.33	NA
	90.48	NA	NA	NA -	-59.72	118.33	120.83	NA
小麦+玉米+大豆	172.03	200	223.86	255	546	115.89	-75.55	-249.4
	53.49	108.33	118.17	182.22	358.87	-102.5	-59.48	-272.4
小麦+粮作物+非粮作物	235.08	521.43	457.41	259	203.11	215.07	251.04	-547.9
	413.65	1536.3	1061.5	275.25	307.81	408.32	260.99	-289.3
小麦+玉米+非粮作物	250.39	521.43	457.41	268.33	237.55	218.96	268.05	-547.9
	405.35	1536.3	1061.5	297.44	293.04	323.26	151.81	-289.3
小麦+非粮作物	-1470	93.33	362.11	NA	-380	218.18	-41977	NA
	-546.5	254.29	450.02	NA	286.18	446.13	-224598	NA

注：每个类别内上行为小麦亩均收益的均值，下行为农作物亩均收益的均值，NA 表示无样本数据。

附表 5　小麦收益成本比和作物收益成本比均值在不同种植结构间的分布

	总体样本	3~10 亩	10~20 亩	20~40 亩	40~100 亩	100~400 亩	400~1000 亩	1000 亩以上
小麦+农作物	0. 359	0. 797	1. 268	0. 485	0. 37	-0. 401	0. 053	0. 46
	0. 414	1. 071	1. 458	0. 464	0. 355	-0. 317	0. 118	0. 398
小麦+粮食作物	0. 306	0. 752	1. 367	0. 481	0. 364	-0. 727	0. 009	0. 544
	0. 326	0. 955	1. 467	0. 472	0. 349	-0. 702	0. 081	0. 447
小麦+玉米	0. 628	0. 776	1. 108	0. 452	0. 328	0. 292	0. 07	1. 12
	0. 65	1	1. 22	0. 475	0. 284	0. 304	0. 129	0. 951
小麦+大豆	0. 325	0	NA	NA	-0. 057	0. 432	0. 149	NA
	0. 293	0	NA	NA	-0. 058	0. 385	0. 18	NA
小麦+玉米+大豆	0. 292	0. 364	0. 479	0. 368	0. 944	0. 082	-0. 003	-0. 187
	0. 188	0. 204	0. 401	0. 263	0. 655	-0. 038	0. 02	-0. 142
小麦+粮作物+非粮作物	0. 465	0. 971	0. 85	0. 496	0. 479	0. 331	0. 325	-0. 352
	0. 577	1. 38	1. 454	0. 437	0. 379	0. 557	0. 343	-0. 085
小麦+玉米+非粮作物	0. 504	0. 971	0. 85	0. 536	0. 581	0. 316	0. 292	-0. 352
	0. 606	1. 38	1. 454	0. 475	0. 387	0. 555	0. 222	-0. 085
小麦+非粮作物	0. 797	0. 35	1. 031	0	-0. 265	1. 25	-0. 99	0
	1. 188	0. 89	1. 368	0	0. 308	1. 615	-0. 715	0

注：每种种植结构内上行表示小麦收益成本比，下行表示整个种植作物的收益成本比，NA 表示无样本数据。

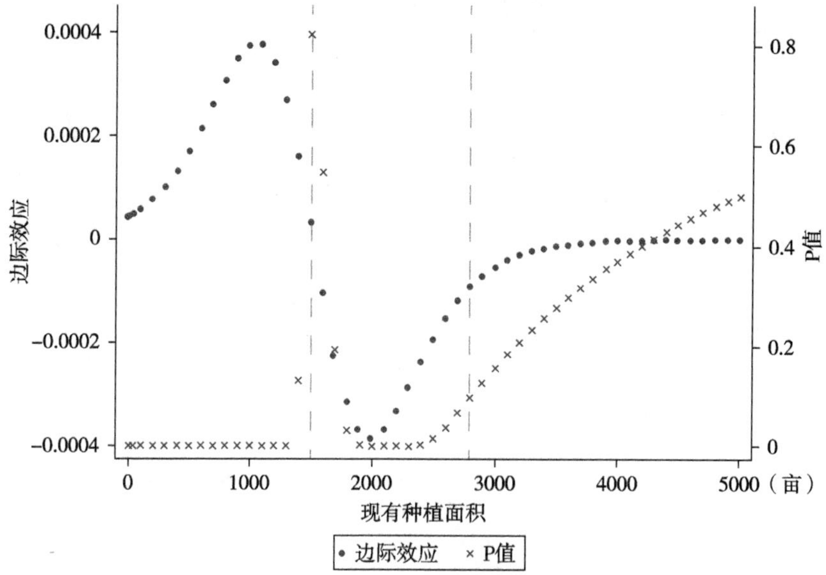

附图 1　现有种植面积对粮户缩小土地规模决策行为的边际效应

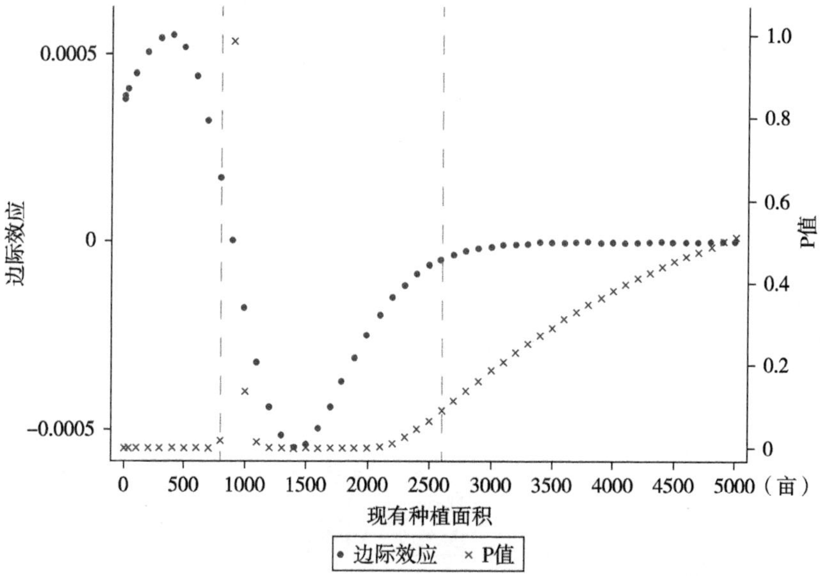

附图 2　现有种植面积对粮户土地规模保持不变决策行为的边际效应

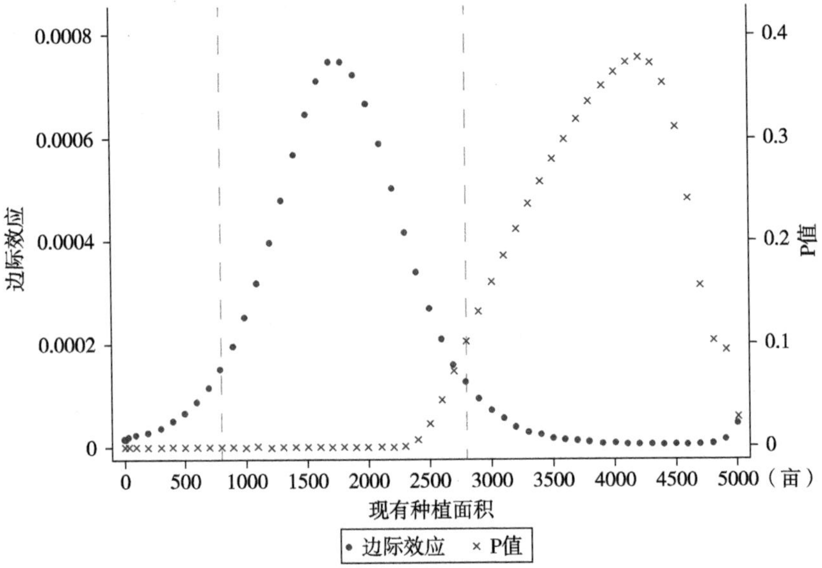

附图 3　现有种植面积对粮户不再种植决策行为的边际效应

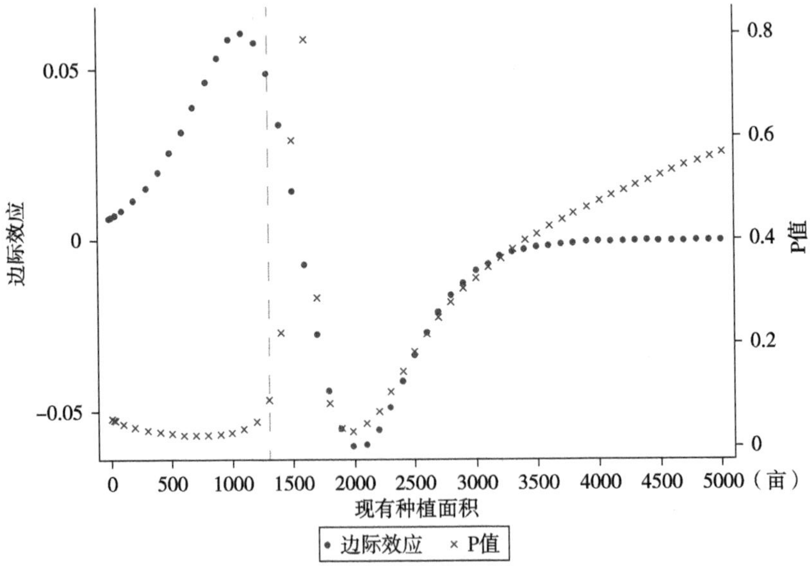

附图 4　是否纯粮作经营对粮户缩小土地规模决策行为的边际效应

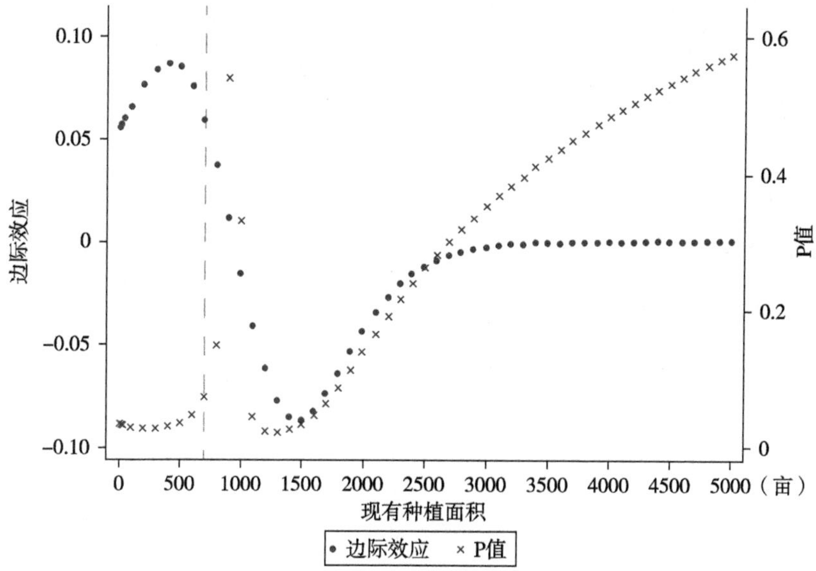

附图 5 是否纯粮作经营对粮户土地规模保持不变决策行为的边际效应

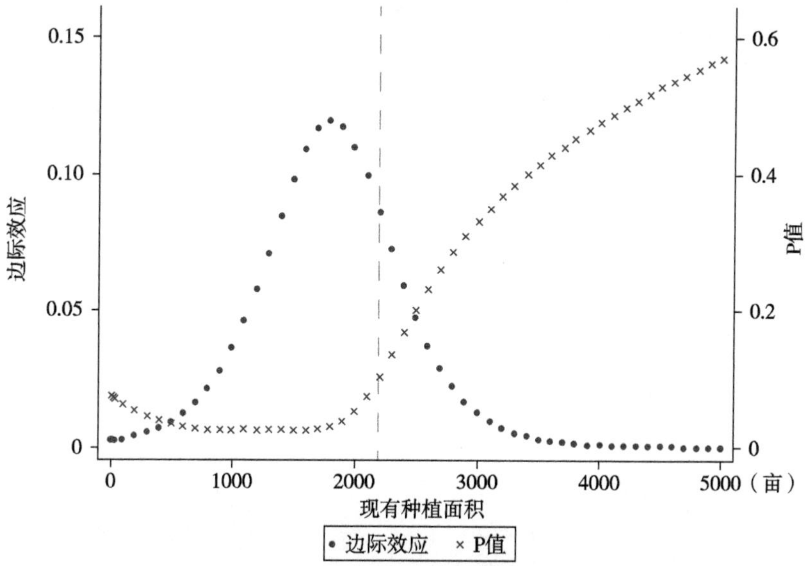

附图 6 是否纯粮作经营对粮户不再种植决策行为的边际效应